suhrkamp taschenbuch 4229

Goody Eisinger ist einer, den die Leute mögen, weil er so erstaunliche, und wie er sagt, wahre Geschichten erfindet, in dessen Gegenwart sich jeder wohl fühlt und sogar die »Äpfel singen«. Ein Philosoph, so heißt es in der Stadt. Hier wurde er geboren, hier ist er aufgewachsen, hier Vorarbeiter in den städtischen Werkhöfen gewesen und Aufseher im Museum für Vorgeschichte geworden, hier geblieben und von hier weggegangen, ohne Abschied zu nehmen. Eines Tages ist er einfach verschwunden, und seinem Bruder bleibt nichts anderes, als von Goody zu erzählen. Und damit auch von sich.
Jörg Steiner, geboren 1930, ist Schriftsteller. Er lebt in Biel. Sein literarisches Werk wurde vielfach ausgezeichnet, unter anderem mit dem Max-Frisch-Preis der Stadt Zürich 2002.

Jörg Steiner
Wer tanzt schon zu Musik
von Schostakowitsch

Suhrkamp

Umschlagfoto: Isolde Ohlbaum

suhrkamp taschenbuch 4229
Erste Auflage 2010
© Suhrkamp Verlag Frankfurt am Main 2000
Suhrkamp Taschenbuch Verlag
Alle Rechte vorbehalten, insbesondere das
der Übersetzung, des öffentlichen Vortrags
sowie der Übertragung durch Rundfunk
und Fernsehen, auch einzelner Teile.
Kein Teil des Werkes darf in irgendeiner Form
(durch Fotografie, Mikrofilm oder andere Verfahren)
ohne schriftliche Genehmigung des Verlages reproduziert
oder unter Verwendung elektronischer Systeme
verarbeitet, vervielfältigt oder verbreitet werden.
Druck: Druckhaus Nomos, Sinzheim
Printed in Germany
Umschlag: Göllner, Michels, Zegarzewski
ISBN 978-3-518-46229-4

1 2 3 4 5 6 – 15 14 13 12 11 10

Wer tanzt schon zu Musik von Schostakowitsch

Alles, was er erzählt, erzählt er allen, und wenn er einem etwas anderes erzählt, erzählt er nachher allen, er habe einmal einem etwas anderes erzählt, das sei aber auch wahr.
Er bleibt bei der Wahrheit.
Daß die Wahrheit eine Geschichte ist, heute eine andere als morgen, ist nur natürlich. Das kann man nachprüfen, am Most zum Beispiel. Im Frühling blüht der Apfelbaum nach dem Kirschbaum, die Apfelblüten sind nicht weiß, sondern rosa, dann wachsen die Früchte heran, Goldparmäne oder Sauergrauech oder Bernerrose, und die Früchte werden, wenn sie reif sind, zur Presse gebracht und zu Apfelsaft gepreßt, das ist dann Süßmost, den kann man trinken oder gären lassen, bis er sich zu saurem Most verwandelt, der viel gesünder ist als Süßmost, und so ist es eben mit der Wahrheit auch. Würde sie sich nicht verwandeln, wie alles, was lebt, müßte man sagen, die Wahrheit sei tot.
Da ist nichts zu machen: Eisinger spricht alles aus, was ihm durch den Kopf geht.

Goody Eisinger sei ein Philosoph, heißt es in der Stadt. Hier wurde er geboren, hier ist er mit dem Bruder zusammen aufgewachsen, hier Vorarbeiter in den städtischen Werkhöfen gewesen, hier

Aufseher im Museum für Vorgeschichte geworden, hier geblieben und von hier weggegangen, ohne Abschied zu nehmen.

Es ist aber nicht wahr, daß er nie jemanden zu sich nach Hause eingeladen hat, daß keiner weiß, wie er wohnt oder wer ihm die Kleider sauber hält, die Hemden wäscht, die Strümpfe stopft. Das sagt man nur, um den Bruder zu beschwichtigen.

Wo immer Goody auftauche, störe er, sagt man dem Bruder auch.

Er sitze bloß da, lasse die anderen reden, alle anderen, ja, nur die anderen, und egal, ob er nun rede oder nicht, er störe auch durch seine Art, mitten in einem Satz, wenn keiner es erwarte, innezuhalten, die Lippen zusammenzupressen und in sich hineinzulachen.

Der Bruder weiß es besser.

Er weiß, daß die Leute Goody mögen. Er weiß, daß sie lügen, um Goody vor ihm in Schutz zu nehmen. Er weiß, daß sie Goody dazu drängen, die Stadt zu verlassen, mit der Amerikanerin vielleicht.

Aber vorläufig ist er noch da, vorläufig betritt er Tag für Tag das Museum durch den Haupteingang und poliert, bevor er die Tür der Aufseherkammer aufstößt, mit dem Taschentuch das rostfreie Schild, das er selbst mit vier langen, für die

Ewigkeit festsitzenden Schrauben befestigt hat: Gottfried Eisinger, Aufseher.

Er stellt den Papierkorb vor die Tür, so, daß sie weit offen bleibt, setzt sich auf einen der beiden Hocker an den Tisch und wartet auf die ersten Besucher. Er schaut durchs Fenster, durch sein Spiegelbild hindurch auf die Wiese mit der von Grünspan überzogenen Bronzefigur und auf die Bordüren aus Zwergbuchs. Von seinem Platz aus sieht er den mit Wellblech überdachten Einbaum, den Mast einer Straßenlaterne, ein Stück der Allee, Bäume, Bänke, Spaziergänger, Hunde und das Geländer des Kanals.

Das Vorläufige verbirgt sich im Gewohnten.

Kinder in farbigen Anoraks spielen am Brunnen. Ein Taubenschwarm zieht Kreise über dem Dach der Schwanenkolonie. Im Kanal schwimmen schwarze Schwäne. Unter den Tannen blühen Blausternchen, Märzbecher und gelbe Winterlinge. Über ins Gras gelegte Bretter trotten zwei Gärtner mit Schubkarren zum Garten neben dem Haus.

Mißtrauisch, sagt der Bruder, streife ihr Blick das Fenster, hinter dem Eisinger sie beobachtet.

Gestern hat er sie in ein Gespräch verwickelt, als Fachmann, als ehemaliger Leiter der Werkhöfe, als einer, der nicht nur vom Museumswesen, sondern auch vom Gärtnerwesen etwas versteht.

Wer zum Beispiel glaubt, irgendwelche Erde heranschaffen zu können, gerade in diesen doch eher schattigen Museumsbereich, beschädigt von Abgasen, vergiftet von Schwermetallen, täuscht sich entschieden. Aus dem Pumpwerk anfallende Komposterde ist hier fehl am Platz. Reden kann man über Walderde, Graberde, Aussaaterde, dann vielleicht auch noch über Naturtorf, Hornspäne, Horngries, Rhododendrondünger, Rinderung, Blaukorn, Guano und Urgesteinsmehl.
»Aber damit fängt die Geschichte nämlich erst an«, sagt Goody, lacht ein wenig, preßt die Lippen zusammen, wendet sich ab und geht ins Haus zurück, durch den Haupteingang, immer durch den Haupteingang.

Damit fange die Geschichte nämlich erst an, sagt er auch zu der Besucherin aus Amerika – vorausgesetzt, man könne sich überhaupt auf das Anfangen einlassen.
Sich auf das Anfangen einlassen, das kann er, als Leser. Leser verstehen etwas vom Anfangen, sie müssen dazu nicht verführt werden. Sie stehen nie über der Sache, alles geschieht für sie zum ersten Mal. Harmlos sind sie nicht. Ihre Phantasie macht sie erfinderisch. Kinder lesen mit der Taschenlampe unter der Bettdecke, der Schlaf wird ihnen fehlen, ihre Leistungen in der Schule lassen nach, zu Hause verkriechen sie sich mit einem Buch in

ihrem Zimmer, schließen die Tür ab und geben keine Antwort, wenn man sie ruft. Verstocktheit wirft man ihnen vor, Verschrobenheit, manchmal Verlogenheit. Sie erleben alles mit; ob sie aber dem Selber-Erleben gewachsen sind, weiß man nicht.

Ihm, zum Beispiel, sagt er, sei einmal etwas passiert – und er packt die Hand der Besucherin und legt sie auf einen Höcker an seiner Stirn. Daß es da eine unter dem Haaransatz verborgene Narbe gibt, kann sie nicht sehen, aber begreifen, wenn sie die Stelle mit den Fingerspitzen abtastet.

Ihm ist einmal etwas passiert, an einem Sonntag im späten August. Er war zehn Jahre alt. Der Bruder zog ihn an der Hand durch den schon kalten Schatten der Thujahecke. In der Waschküche holten sie Krockethämmer und Kugeln. Die Eisenbogen steckten im Rasen, nur die Abschlaghölzer fehlten noch. Goody drückte sie in die vorgebohrten Löcher, während der Bruder das übte, was er auch gestern und vorgestern geübt hatte: das Sprengen. So nannte man es bei ihnen zu Hause. Sicher gab es ein besseres Wort dafür, ein englisches Wort vielleicht. Jedenfalls stand man beim Sprengen mit einem Fuß auf der zum Beispiel roten Kugel und versuchte, die danebenliegende grüne Kugel mit dem Hammer möglichst weit wegzuschlagen.

Das Sprengen sei eine Kunst der Erwachsenen, sagt Goody zu der Besucherin, und zu seinem Bruder habe er gesagt: »Komm, laß den Unsinn, das lernst du noch früh genug.«
An die Weide am Weiher gelehnt, schaute er dem Bruder zu, und dann explodierte der Himmel über ihm, leuchtend schwarz.
Als ihn die Kugel getroffen habe, sei er durch Schilf, modernde Blätter und Faulwasser getaumelt und, Gesicht voran, in ein Blumenbeet gefallen, habe man ihm erzählt. Die Wunde an der Stirn habe kaum geblutet, drei Spritzer auf den Kalksteinplättchen zwischen den Rosenstöcken, mehr habe man nicht gesehen. Nach einer halben Stunde sei er auf dem Sofa im Wohnzimmer aus der Ohmacht erwacht – das habe er so oft gehört, bis er es für seine eigene Erinnerung hielt.
In Wirklichkeit erinnert er sich nur an das Erwachen. Er erwacht, und er hört im Nebenzimmer das Klatschen des Teppichklopfers, die Schreie des Bruders und zwischen den Schlägen das Keuchen des Vaters: »Wer bist du nur? Wer bist du eigentlich?«

Und die Stimme des Bruders, die fremde Stimme des Bruders.

Sie fragt ihn nicht, was der Bruder gesagt oder herausgeschrien habe. Behutsam zieht die Amerikanerin ihre Hand zurück. Dann reden sie über andere Dinge, Goody leidenschaftlich, sie nüchtern. Die Szene kann man sich vorstellen.
Also: Das Licht fällt durch die Südfenster unter der Kuppel. In den Lichtbahnen mischt sich der Blütenstaub mit dem Staub aus den Vitrinen in einer schwebenden, flimmernden Wolke.
»Das Museum sind die Erinnerungen der anderen«, könnte Goody sagen: »Vorgeschichte, zum Beispiel.«
Links im Parterre zeigt er ihr den Saal mit den Fundgegenständen aus der Altsteinzeit: Faustkeile, Knochen, Steinmesser, Feuersteinknollen.
»Wenn schon Vorgeschichte«, sagt er, »dann der Reihe nach, nicht in dem Durcheinander, in dem sie in Wirklichkeit stattgefunden hat, denn nicht die Sammler und Jäger haben die Reihe festgelegt, sondern wir, die später Gekommenen.«
Schicksale malt er aus, Fortschritte, Rückschläge, Kämpfe, Zerstörungen, Siege, Niederlagen, Fertigkeiten, Künste, Beerdigungen – während ihr, der Besucherin, nur auffällt, daß um zehn Uhr morgens die im Museum aufgehobene Altsteinzeit eben gerade im Licht, die Jungsteinzeit dagegen noch im vormittäglichen Schatten liegt. In

diesem Licht ist es offensichtlich, daß das Ausstellungsgut aus der Zeit der Nomaden dringend renoviert werden müßte.

Eisinger gibt das zu. In einer Neugestaltung, sagt er, könne man das Versiegen der Gletscherströme zum Meer hin sichtbar machen, Mammut und Höhlenlöwen aussterben, Wildpferde, Auerochsen und Wölfe jagen lassen und Werden und Sterben von Mensch, Tier und Pflanze in einem Ton-Bild-Geruchsereignis darstellen und so weiter.

Unglücklicherweise erwähnt sie, neue Gerüche seien nicht nötig, im oberen Stockwerk, besonders in der gallo-römischen Abteilung, rieche es schon streng genug.

Eine Frau wie sie ist empfindlich auf Gerüche.

Eisinger entschuldigt sich bei ihr, Eisinger kommt in Fahrt, Eisinger fühlt sich verantwortlich nicht nur für die Vorgeschichte, sondern auch für die Gerüche aus der Vorgeschichte.

Aber, Hand aufs Herz, was heißt eigentlich streng riechen, herb duften oder stinken?

Kann sie, die Besucherin, einen Geruch beschreiben? Rosenduft, zum Beispiel? Süß kann er nicht sein, sauer oder bitter auch nicht, denn süß, sauer oder bitter hat mit Geschmack mehr zu tun als mit Geruch. Daß Zucker süß, Zitrone aber sauer ist, weiß man nur, wenn man sie kostet. Der Mund weiß es, die Zunge weiß es, der Gaumen weiß es, die Nase weiß es nicht.

Rosenduft kann durchdringend sein, stechend sogar, die Römer stellten in ihren Villen Rosenwasser auf, als Essenz, die keltischen Druiden taten dasselbe mit Maiglöckchenwasser oder Fliederextrakt.

Wer einen Duft beschreiben will, muß andere Gerüche, die er wieder nicht beschreiben kann, zur Beschreibung heranziehen: Cassis, Zimt, Vanille, Brombeeren, in der Sonne trocknende Wäsche, Russ, Hundedreck. Das Wetter hat einen Einfluß auf die Wahrnehmung von Gerüchen, die Jahreszeit auch, der Gesundheitszustand, das Geschlecht und das Alter des einen Geruch Wahrnehmenden; von Stimmungen und Vorlieben ganz zu schweigen. Gerade in einem ungelüfteten Saal verdichten sich die Gerüche in unvorhersehbaren Verbindungen, die von den einen als angenehm, von den anderen aber als störend empfunden werden. In der Regel geht es nur um die Verbindungen, denn die einzelnen Gegenstände – ein Schmuckstück, die Getreidemühle, die Steinsäge, die Pfeilspitze – haben, jedes für sich genommen, einen äußerst schwachen Eigengeruch. Manche sind, nach jahre-, wenn nicht jahrzehntelanger Lagerung im Tiefkühlkeller des Museums nachbehandelt, gereinigt, begast, in Laugen gelegt und abgeschliffen worden.

Anders ist es mit dem Prunkstück im Vorraum, dem einzigen in der Welt je gefundenen Skelett ei-

nes Moorrindes, das zweitausend Jahre alt ist, wie die am Sockel angebrachte Inschrift besagt. Es stinkt.
Der Geruch kann sich im oberen Stockwerk ausbreiten, in geheizten Räumen ist das leicht möglich. Das muß man hinnehmen, denn gerade das Moorrind ist der Stolz der Museumsleitung. Daß es stinkt, ist allen unheimlich. Davon darf nicht gesprochen werden. Ein echtes Skelett aus der Jungsteinzeit dürfte nach nichts mehr riechen. Nun riecht es aber doch, und irgendeinmal wird man herausfinden, daß ausgerechnet das Prunkstück der Sammlung eine Fälschung ist: ein Haufen Kalbsknochen, nicht älter als hundert Jahre, bei einer der Juragewässerkorrektionen im Moorboden zum Vorschein gekommen, von einem Präparator mit oder ohne Betrugsabsicht zusammengebaut, hier ungeprüft zur Katalogsnummer eins geworden, als Ansichtskarte erhältlich wie andere Ansichtskarten auch: Karten von Halsketten, Fibeln, dem Gebäude als Ganzes – diesem Haus eben, das ja bekanntlich auf morschen Holzpfählen steht, wie zum Hohn auf die im neuesten Modell dargestellte Pfahlbauersiedlung ohne Pfähle.
»Hören Sie«, sagt Frau Saunders, »so hören Sie doch« –
Aber Goody läßt sich nicht aufhalten.
Immer noch auf sie einredend, begleitet er die

flüchtende Besucherin bis zum Hauptportal. Ein zufällig Vorübergehender könnte sehen, wie überschwenglich er ihre Hand schüttelt und wie er sie dann, ganz plötzlich, losläßt, in sich hineinlacht und der davoneilenden Frau mit zusammengepreßten Lippen nachschaut.

Sicher hat er es gesagt. Sicher hat er gesagt: »Bitte, kommen Sie morgen wieder« – oder etwas Ähnliches.

Einer Schulklasse hat er zwei Wochen zuvor die Geschichte des Moorrindes ganz anders erzählt.

Von der keltischen, der tigurinischen Kuhgöttin Búccola hat er gesprochen, von der Schönheit ihres kuhäugigen Blicks, von den Kuhhörner tragenden Druiden – und wie Búccola unter anderen Namen wie Hera oder Hator oder Matar überall in der Welt verehrt worden sei, in Indien, Nepal, Griechenland, Ägypten. Sogar heute noch vernehme, wer in ein Kuhhorn blase, ihre Stimme, einen dunklen und sanften Lockruf, weiterum vernehmbar, der einen vom Nebel überraschten Wanderer rette oder erst recht in die Irre führe. Dann aber sei der Kult der Kuhgöttin verboten und durch den Kult der Pferdegöttin Epona ersetzt worden, so daß nun gewisse Kenner der Vorgeschichte behaupteten, es gäbe keine Beweise für die Existenz einer Kuhgöttin; von den ihr geweihten Opfergaben, Riten und Spielen ganz zu schweigen.

Tatsächlich gibt es eine authentische Überlieferung der keltischen Religion und Mythologie nicht. Goody nimmt für sich das Recht der römischen Eroberer in Anspruch, die zu Hause von keltischen Sitten und Gebräuchen erzählten. Wie die Römer, erfindet er nur wahre Geschichten, fügt aber bei, man müsse eben an allem, was erzählt werde, auch zweifeln können, denn der Zweifel gehöre zur Wahrheit, zum Leben. Goody, Gottfried Eisinger, der Philosoph!

Die Kinder hängen ihre Taschen und Jacken in der Garderobe auf und legen sich, mit Zeichenpapier und Farbstiften ausgerüstet, auf den Boden. Unter Tischen und Vitrinen kriechen sie hindurch, kitzeln, stechen und kneifen einander.
Aber eins von ihnen, ein Mädchen, geht, wie der Bruder erfahren hat, zu Goody und sagt zu ihm: »Ich zeichne nicht gerne, aber ich schreibe Geschichten. Ich schicke Ihnen eine Geschichte, und Sie schicken mir die Karte mit dem Moorrind, einverstanden?«

Er habe nicht an die Abmachung geglaubt, sagt Eisinger, den der Bruder am Wochenende besucht, an jedem Wochenende, egal, ob Eisinger sich über den Besuch freut oder ärgert, denn der Arbeits- und Freizeitweg des Bruders führt nun einmal durch die Allee, am Museum vorbei und vorbei an Hundehaltern, Rollschuhläufern und Spaziergängern; jeder andere Weg wäre für ihn ein Umweg.
»Das kann nicht wahr sein, daß du nicht daran geglaubt hast«, sagt der Bruder. »Was meinst du,

wie gut ich dich kenne. Wie, sagst du, war der Name des Mädchens?«

Auf sein Drängen hin zeigt Eisinger ihm endlich die Rückseite eines Papierbogens – Häuschenpapier, 5 mm, gelocht –, und er liest ihm dann auch die Überschrift vor, nur die Überschrift.

»Die Frau als Stier«, sagt er laut, schüttelt den Kopf, fängt noch einmal an, leise jetzt: »Die Frau als Stier. Von Jacqueline L. aus Schönberg.«

»Und weiter«, sagt der Bruder, »wie geht es weiter?«

Eisinger schaut ihn an, faltet das Blatt zusammen und verstaut es in seiner Brusttasche.

»Ja«, sagt er. »Und dann steht da noch ein P. S. Bitte vergessen Sie nicht, mir die Postkarte zu schicken.«

Das vergißt er nicht. Goody hat immer gerne geschrieben, Zettel, Briefkarten und Briefe.

Als eine Tante ihm das Buch ›Zurück zu den Quellen‹ schenkte, hat er ihr zweimal dafür gedankt: schriftlich.

Das war an einem Weihnachtsnachmittag, Goody und der Bruder wurden ins Haus gerufen. Auf der Straße, neben dem Gartenzaun, hatten sie mit anderen Kindern zusammen eine Schlitterbahn aus gefrorenem Schnee angelegt, in der frühen Dämmerung, in der Kälte unter der seit Wochen über der Stadt liegenden Hochnebeldecke, die sich nun

aber ganz plötzlich aufgelöst hatte und den Blick in einen rot leuchtenden Himmel freigab. Rot war auch der Widerschein auf der Porzellanschüssel, die das Mädchen des Nachbarn ins Haus trug.
Der Vater lehnte sich aus dem Wohnzimmerfenster: »Aha«, sagte er zu dem Mädchen, »euer Kaninchen, nicht wahr?« und »Gottfried, Niklaus, wo bleibt ihr denn?«
Das Mädchen fing an zu weinen. Der Vater sagte: »Du solltest nicht weinen, es ist schließlich Weihnachten.« Da fing das Mädchen an zu lachen, und nach einer Weile sagte der Vater: »Du solltest nicht zuviel lachen, es ist schließlich Weihnachten.«

Im Haus war der Tisch schon gedeckt, und neben Goodys Platz lag das Buch ›Zurück zu den Quellen.‹
Nach dem Fest dankte er der Tante dafür, und nach Neujahr dankte er ihr noch einmal, denn er hatte das Buch jetzt durchgeblättert und auf Seite 141 die Hundertfrankennote gefunden, die die Tante dort versteckt hatte, um herauszufinden, ob Goody am Weg zu den Quellen auch wirklich interessiert sei.

Eisinger schreibt zurück, das ist sicher.
An Jacqueline schreibt er, die Geschichte habe ihm gefallen und ihn unruhig gemacht. Und er

schreibt, ihm sei auch einmal etwas passiert, und seither esse er nur noch selten Fleisch, Rindfleisch so gut wie nie, Pastetchen nur zur Erinnerung an weit zurückliegende Weihnachtsfeste, von Wurstwaren ganz zu schweigen. Die Wurst sei ihm ein Abgrund. Würste seien gefüllt mit Fett und mit Abfällen wie zum Beispiel Augen, Rückenmark, Kehlkopf, Luft- und Speiseröhren, mit einem Gemisch, das aus Schlachthöfen, Hinterhöfen und Tierfabriken stamme. Dennoch habe er Verständnis für die Konsumenten von Wurstwaren, so auch für das Ehepaar beim Picknick in Jacquelines Geschichte. Nicht jeder, dem etwas passiere, breche für alle Zeiten mit der Wurst, und sicherlich sei diesem Paar etwas ganz Entscheidendes passiert, ohne daß Jacqueline sagen könne, was es sei – sondern nur eben dies: daß sich nach fünf Jahren Glück nun der Spieß umgedreht habe. Er möchte gerne wissen, was sie sich darunter vorstelle, er möchte gerne mit ihr darüber sprechen. Sie wisse ja, wo sie ihn finden könne – Beilage: vier Ansichtskarten.

Daraufhin besucht Jacqueline Eisinger im Museum. Er erfährt, daß sie bei ihrem Vater aufwächst, und daß die Frau, die sie begleitet, ihre Tante ist: Roma Saunders.
Schon am nächsten Morgen geht Frau Saunders wieder zu Goody, allein diesmal, denn Jacqueline

sitzt in der Schule. Um Viertel vor zwölf wird sie abgeholt, zuerst nur hin und wieder, dann jeden Tag.

Der Bruder erfährt das erst, nachdem andere es längst erfahren und Gerüchte in Umlauf gesetzt haben.
»Als Mitwisser«, sagt der Bruder.
Man muß ihn fragen, dann gibt Eisinger Auskunft; er kann nicht anders.
Frau Saunders ist durch ihre Heirat Amerikanerin geworden. Sie hat ihren Mann vor Jahren bei einem Autounfall verloren und lebt seither allein in ihrem Haus nahe am Ozean in Los Angeles.
»Die Mitwisser wissen mehr«, sagt der Bruder.
»Ihr habt euch geküßt. Liebst du sie?«
Eisinger legt ihm die Hand auf die Schulter. Er gibt Auskunft. Er liebt sie, das schon – aber lieber gibt er Auskunft auf Fragen, die der Bruder nicht gestellt hat.
»Der Unfall ist auf der Küstenstraße passiert«, sagt er.
»Romas Mann war auf dem Heimweg, als ein entgegenkommender Wagen vor ihm abbog, um den Parkplatz eines Restaurants zu erreichen. Der Polizist, der zu Roma hinausfuhr, um sie vom Tod ihres Mannes zu benachrichtigen, sagte als erstes: »Hallo, wie geht es Ihnen heute?«
»Das sagen alle in Amerika«, sagt Eisinger. »So-

gar wenn das Haus brennt und der Hausbesitzer die Feuerwehr ruft, sagt er zuerst: »Hallo, wie geht es Ihnen heute. Kannst du das verstehen?«

Roma nennt er sie schon.
Sie sprechen deutsch und englisch miteinander. Eisingers Englisch ist mangelhaft. Er hat es bei einer auf Süßigkeiten versessenen Miss Rosenheim gelernt, nicht richtig, nicht wirklich gut, aber doch so, daß sie zusammen ein Theaterstück von George Bernard Shaw lesen konnten.

Miss Rosenheim hat dem Bruder eine Kopie von Eisingers Textbetrachtung überlassen.
Sie hat alles aufbewahrt, was mit Goody zu tun hat.
Der Bruder versteht das nicht. Er versteht nicht, wie Eisinger, dieser Riese mit den staunenden Augen, es anstellt, die Aufmerksamkeit der Leute auf sich zu ziehen. Es ist eine Art von Zauber, Goodys Zauber, Goodys Geheimnis, Goodys Macht. Auch Miss Rosenheim ist ihm erlegen. Sie macht den Bruder sogar auf die schöne junge Handschrift aufmerksam, auf die geradestehenden, sowohl sperrigen als auch flüssigen Buchstaben und die nicht ganz regelmäßigen Zeilenabstände.
»Verdammt nochmal«, schreit der Bruder, »jung ist gut; ich bin jünger als er, das wissen Sie doch!« – und sie nickt nur dazu.
»Bei uns, den anderen, haben Sie alle Fehler ange-

strichen«, schreit er, und sie schüttelt den Kopf und legt ihm die Hand auf den Mund.

The chocolate-cream-soldier: So beginnt Eisingers Betrachtung.
Das Außerordentliche an diesem Soldaten ist, daß er nicht in der Lage wäre, einen Menschen umzubringen. Er hat gelernt, ein Gewehr zu bedienen, wie man so sagt. Hätte er sich als Sanitätssoldat im waffenlosen Dienst ausbilden lassen, wäre er nicht Besitzer einer Patronentasche geworden, wüßte also nicht, wo er seine Pralinen verwahren sollte. Aber auf Süßigkeiten ist er womöglich noch wilder als unsere Miss Rosenheim.
Die anderen Soldaten verachten ihn. Sie schicken ihn zum Einkaufen ins Dorf. Sie stellen ihm ihre Stiefel zum Putzen hin. Er wird zum Toilettenreinigen befohlen. Er räumt die Tische ab, leert die Papierkörbe, verteilt die Post. Er hat nichts dagegen, ausgelacht zu werden von den anderen, den zukünftigen Helden, den Eroberern, Plünderern und Entdeckern. Er selbst wäre als Entdecker unbrauchbar, Amerika, zum Beispiel, hätte er niemals entdecken können. Auf die lange Seereise hätte er kistenweise Schokolade mitnehmen müssen, die Schokolade wäre geschmolzen – ganz abgesehen davon, daß Schokolade im Europa des sechzehnten Jahrhunderts noch unbekannt war.
Übrigens: Schlecksucht paßt nicht zu einem Ent-

decker. Die einzige Sucht, die ihm verziehen wird, ist die Ruhmsucht. Jeder Entdecker ist den Entdeckten dafür dankbar, daß sie sich von ihm entdecken lassen. Die Entdeckten sind die Opfer des Entdeckers. Die Indianer, zum Beispiel, haben keinen Grund, Columbus für ihre Entdeckung dankbar zu sein.

So geht es weiter im Text, und überhaupt: diese ziellos herumschweifenden Sätze: Was kann Miss Rosenheim damit anfangen? Wo erkennt sie darin etwas Unverwechselbares, Echtes, Herzbewegendes?

Miss Rosenheim, heißt es, habe Goody seinen Spitznamen zu verdanken. Das ist nicht wahr. Er, der Bruder, machte aus dem Gottfried oder Godi den Goody Eisinger, um ihn lächerlich zu machen, diesen Goody, dem einmal etwas passiert ist, den ein Schlag auf den Kopf beschädigt hat, und wenn einer in der Familie beschädigt ist, ist dann nicht die ganze Familie beschädigt: auch der Schuldige?

Der Bruder hat Miss Rosenheim an den Schultern gepackt.

»Und was wird aus mir?« hat er geschrien. »Können Sie mir das sagen?«

Ihr ist nichts anderes eingefallen als eine Bitte.

Eine Bitte ist keine Antwort.

2

Der Bruder schreibt alles auf, was mit Eisinger zu tun hat. Er will später beweisen können, daß es zum Beispiel seit Februar nicht mehr geregnet hat und daß der Winter im März mit frostklaren Nächten zurückgekehrt ist. Tagsüber schwimmen weiße rundbauchige Wolken am Himmel. In den Vorgärten blühen Osterglocken und Forsythien, da und dort auch schon Tulpen.
Ein Rehbock wird auf der Ausfallstraße angefahren. Frösche und Kröten machen sich auf die Wanderschaft, noch bevor die ersten Regenstürme übers Land ziehen und der Wind, der sie ankündigt, die Glut in den Wäldern zu Feuerinseln entfacht.

In diesem Jahr haben Arbeiter und Forstgehilfen die Wege ausgebaut, Schneisen gelegt und das Fallholz weggeräumt. Eisinger wird nachts nicht mit der Amerikanerin auf dem Balkon stehen, und, berauscht vom Brandgeruch, zusehen, wie sich die Feuerlinie hangabwärts bewegt bis zum Ufer des Sees. Ihn in Ruhe lassen: das geht nicht. Fast ohne Gewicht ist die Trauer, leicht zu ertragen, und die Tage ziehen sich dahin, die Nächte werden heller, in der Thujahecke, die das Museumsgelände abschließt, bauen Amseln ihr Nest.

Am Wochenende treten Goodys ehemalige Kollegen aus dem Werkhof auf: Erdem O., Urs A., Konrad L.
Sie sitzen mit Eisinger draußen auf einer Bank beim Wasserbecken, im grellen Frühlingslicht unter den durchlässigen Baumkronen vor dem Haupteingang.
Erdem, der Türke, zeigt ihnen einen Ring, der im Rechen des Pumpwerks hängengeblieben ist. Oder ein anderer hat ihn in der Deponie des Faulschlammbeckens gefunden, »egal wie, egal wo«, sagt der Bruder, »es spielt keine Rolle: Räuber sind sie alle.«
Eisinger würde sich über ein Geschenk freuen, das weiß der Bruder aus Erfahrung, Eisinger hat keine Mühe damit, sich etwas schenken zu lassen: Er hat nicht das Gefühl, sich alles im Leben verdienen zu müssen.

Geschenke, nicht Geschenke, die er angenommen, sondern solche, die er gemacht hat, haben ihn die Stelle als Vorarbeiter am Werkhof gekostet. Er hat es zugelassen, daß Erdem die im Pumpwerk gefundenen Münzen und Schmuckstücke einem Freund übergab.
In der Türkei sage man, Kurden seien Terroristen, sagte Erdem den Kollegen. Drei oder dreißig oder auch dreihundert Terroristen, das könne er sich vorstellen, sagte er: aber drei Millionen?

Der Ring geht von Hand zu Hand, Erdem wird ihn am späten Abend in einem bestimmten Restaurant einem unter der Tür stehenden Kellner geben, darüber muß nicht gesprochen werden, das ist so.

Urs steckt den Ring an den Finger, dreht ihn um und um, sagt: »Smaragd vielleicht, wenn wir Glück haben«, reicht ihn an Konrad weiter, und dieser reicht ihn zurück. »Ja«, sagt Eisinger: »Smaragd.«

Daß er damals seinen Arbeitsplatz verloren hat, verdankt er einer Denunziation in einem anonymen Schreiben an das Bauinspektorat.

Gottfried Eisinger bereichere sich an bei der Arbeit gefundenen Wertsachen, hieß es in dem Brief.

Der Fall wurde untersucht. Eisinger wehrte sich nicht gegen den Vorwurf der Veruntreuung. Er zeigte Einsicht, aber keine Reue; dennoch wurde er nicht entlassen, sondern, in Mißachtung aller Vorschriften, als Aufseher in das Museum für Vorgeschichte versetzt. Er bat den Inspektor, ihn dort einmal zu besuchen, aber er sagte ihm nicht, daß er – obschon sie verstellt war – in der Anzeige die Handschrift des Schreibers erkannt hatte.

Der Inspektor begleitete Eisinger zur Tür. »Nach Abschluß der Untersuchung muß ich Ihnen einen mündlichen Verweis erteilen«, sagte er, »das ist hiermit geschehen. Wissen Sie, mein Vater hat in den Sechzigerjahren, als private Ausgrabungen streng verboten waren, bei Niedrigwasser am Ufer nach Steinwerkzeug gesucht. Er wurde von einem Nachbarn denunziert. Ich hasse Denunzianten. Ich werde Sie im Museum besuchen, mein Vater ist dort als Stifter auf einer Tafel aufgeführt.«

Er hat sein Versprechen gehalten. Er hat Geschenke mitgebracht, wie alle, die Eisinger besuchen, Geschenke mitbringen, auch der Bruder.
»Wie groß ist deine Vorratskammer zu Hause?« fragt der Bruder. »Ist sie feucht, ist sie kühl, ist sie betoniert, gibt es eine Zentralheizung in der Nähe?«

Zu Hause, das ist da, wo Eisinger wohnt, wo andere hin und wieder zu einem Essen und zu Musik von Schostakowitsch eingeladen werden. Zu Hause, das ist da, wo Eisinger einmal auch Wein aufbewahrt hat, den er schließlich als Leihgabe an das Museum des 19. Jahrhunderts losgeworden ist.

Eisingers Wein wurde auf dem mit Gläsern, Tellern, Messern und Gabeln gedeckten Tisch in der Wohnstube einer Industriellenfamilie ausgestellt, die um 1840 in der Provinz politischen Einfluß ge-

habt hatte und sowohl für ihre Indigo-Färberei als auch für ihren Kampf gegen die Auslöschung der Aristokratie berühmt gewesen war.
Das Museum des 19. Jahrhunderts liegt in derselben Allee wie das Kunstmuseum und das Museum für Vorgeschichte, und die Besucher sind gehalten, den Wohnraum mit Filzpantoffeln zu betreten. Manche beugen sich über die Absperrseile und versuchen, die Aufschrift auf den Etiketten der Flaschen zu entziffern: zwei Flaschen Burgunder, eine Flasche Bordeaux – Eisingers Erbe.

Nach dem Tod der Tante war die Verwandtschaft zur Testamentseröffnung zusammengerufen worden.
Während die anderen sich nach dem Rundgang durch die Wohnung im Südzimmer versammelten, lag Eisinger, mit einem Tuch über den Augen, auf dem Sofa neben den Puppen: der Chinesin, dem Matrosen. Jemand hatte die Vorhänge vor den hohen Fenstern zugezogen, damit das Licht Eisingers Kopfschmerzen nicht noch schlimmer mache.
»Ich möchte die Teekanne«, sagte eine Kusine.
»Ich möchte den Teppich«, sagte ein Neffe.
»Ich möchte die Toilettengarnitur in der Schildpattschachtel«, sagte der Bruder, »zur Erinnerung.«
Mit der Bürste hatte die Tante Goodys Haar ge-

bürstet, wenn die Brüder bei ihr zu Besuch waren; immer aus der Stirn und nach hinten gebürstet, dann mit dem Kamm durchgekämmt, bis die Funken sprühten.

Man setzte sich an den Tisch.
Neben dem Nachlaßverwalter stand der Schreiner, den die Erben hatten rufen lassen: Sie wollten wissen, was sich in dem abgeschlossenen Glasschrank verbarg, der, nach den Verfügungen der Tante, Goody gehörte.
Da auch er keinen passenden Schlüssel besaß, brach der Schreiner die Rückwand des Schranks mit Hammer und Meißel auf, und der Nachlaßverwalter bestimmte, als sei alles in bester Ordnung, den Wert der zum Vorschein kommenden Gegenstände: Porzellan, Leintücher, ein Sparheft, Fotoalben, drei Flaschen Wein, eine Flasche Eierlikör, eine Flasche Nußwasser.
»Nur zum Einreiben geeignet«, sagte der Schreiner, und zu Eisinger sagte er: »Den Schrank nehme ich mit, wenn Sie wollen. Um Ihnen einen Gefallen zu tun. Es ist Ihre Sache, Sie haben ihn geerbt, Schrank samt Inhalt.«
»Ich möchte den Eierlikör, wenn das nicht unverschämt ist«, sagte eine Verwandte.
»Ich hätte gerne das Porzellan«, sagte ein Neffe.
»Als Vertreter der Steuerbehörde muß ich das

Sparheft mitnehmen«, sagte der Nachlaßverwalter.

Goodys Mutter, die Mutter des Bruders, wurde von den anderen Frauen getröstet. Sie hatte die Hände vor die Augen geschlagen. Tränen rannen ihr durch die Finger: Hatte sie vielleicht nicht alles getan, um ihre Söhne vor dem Alkohol zu bewahren? Und hatte die Tante das nicht gewußt, aber jetzt – ihr zu Leide – den ganzen Wein und Schnaps, den sie in ihrem Leben erhalten hatte, ihrem Gottfried vermacht, um ihn einer letzten, entscheidenden Prüfung zu unterziehen?
»Ich könnte den Schrank für Sie auch wieder zurechtmachen«, sagte der Schreiner zu Goody, »ehrlich, zum Selbstkostenpreis, und einen Schlüssel könnte ich auch besorgen – kein Problem.«
»Nehmen Sie ihn nur mit«, sagte Eisinger unter dem Tuch hervor.
»Ihr alle, nehmt mit, was ihr braucht.«
»Unser Goody!« sagte eine Tante.
Man rühmte ihn. Man umarmte ihn.
Ein Onkel, der Griechisch gelernt hatte, hockte sich neben ihn hin und sagte: »Zum Guten geht der Gute ungeladen. Platon.«

Der Wind trug Glockengeläut von der St. Ursenkirche herüber. Eine Kusine kochte Tee. Die Pächterin der Kaffeehalle im Erdgeschoß stieg mit belegten Broten die Treppe hinauf und preßte sich im Korridor an die Wand, um den ihr mit Bündeln, Schachteln und Koffern Entgegenkommenden auszuweichen.

Eisinger trug seine Erbschaft in einer Sporttasche nach Hause: drei Flaschen Wein, ein Fotoalbum und die beiden Puppen, die Chinesin und den blauen Matrosen mit der Ziehharmonika aus Pappe.

Als Kind hat Goody mit Tieren gespielt, lieber mit Tieren als mit Puppen, nie mit Soldaten, mit Indianern schon, oft auch nur mit Stühlen und Decken, aus denen er sich ein Iglu, ein Zelt, einen Unterstand baute.

Sein Lieblingsspielzeug war ein brauner Elefant aus Vollgummi mit beweglichen, braunen Vollgummistoßzähnen. Den nahm er mit, wenn er und der Bruder bei der Tante zu Besuch waren, und er setzte dort dem Elefanten die Chinesin auf den Rücken, während er zu Hause dem Elefanten nie etwas auf den Rücken setzte.

Übrigens: Büffel gab es nicht in Goodys Menagerie, dafür aber drei holzgeschnitzte Kühe, die ihm die Eltern aus dem Berner Oberland mitgebracht hatten. Er stellte die Kühe so auf, daß es aussah, als gingen sie im Gänsemarsch hinter dem Elefanten her. Wie im Märchen mußte es sein, wie im Märchen von der goldenen Gans – nämlich die Mutter erzählte ihnen die Märchen der Gebrüder Grimm, und Goodys Lieblingsmärchen hieß ›Von einem, der auszog, das Fürchten zu lernen‹.

In der darin beschriebenen Angstunfähigkeit eines Abenteurers entdeckte Goody seine Lust am Lesen.

Die Amerikanerin strahlt. In Amerika, sagt sie, kenne jedes Kind die Märchen der Brüder Grimm durch Walt Disney.

Damit hat Eisinger keine Mühe. Er kann sich gut vorstellen, daß für Kinder das Wunderbare wie das Schreckliche auch im Film zu Wirklichkeit wird. Selbst die Kinderfrau zu Hause glaubte an Hexer und Zauberinnen.

»Die Kinderfrau?« fragt die Amerikanerin.

»Unsere Kinderfrau«, sagt Eisinger. »Sie wollte dabeisein, wenn die Mutter Geschichten erzählte. Die Mutter war oft krank; aber am Abend verließ sie ihr Zimmer und setzte sich zwischen unsere Betten. Beim Erzählen schwankte ihre Stimme vor Erschöpfung. Die Tischlampe beleuchtete nicht ihr Gesicht, nur ihre Hände.

›Sagen Sie, Frau Eisinger, gibt es hier wirklich Zwerge?‹ fragte die Kinderfrau. ›Aber ja‹, sagte die Mutter, und plötzlich blitzten ihre Zähne auf wie die Zähne eines angreifenden wilden Tiers. Bis in den Schlaf hinein begleitete einen das Erschrecken, aber auch der den Schrecken besänftigende Geruch der Mutter: Eau de Cologne. Die Flasche stand auf dem Toilettentisch im Elternschlafzimmer, und auf dem Etikett standen keine Buchstaben, nur die Zahlen vier, sieben, eins, eins.«

Die Amerikanerin verzieht das Gesicht.

»Finden Sie das lustig?« fragt der Bruder. »Finden

Sie seine Lügen lustig? Warum spricht Goody nicht davon, daß der Vater beim Tiefbau beschäftigt war und im Auftrag der Jura-Kraftwerke Höfe und Weiden, darunter das Haus der Großeltern, unter Wasser setzte? Zeitlebens war er für die Kanalisation der Stadt verantwortlich. Im unterirdischen Röhrensystem fand er sich besser zurecht als oben in den Straßen. Bei Arbeitsbeginn stieg er in die Tiefe hinunter, am Abend kroch er wieder hervor. Am Feierabend stellte er die Stiefel auf eine Zeitung im Korridor. Während unserer ganzen Jugendzeit roch es im ganzen Haus inständig nach Scheiße.«

»Roma«, sagt Eisinger, »hör nicht auf ihn, Eau de Cologne, ich bestehe darauf. Auch die Kinderfrau durfte es benutzen.«

»Das paßt wie die Faust aufs Auge«, sagt der Bruder, »Eau de Cologne gegen den Gestank, und Trugbilder gegen die Wirklichkeit. Die Mutter erwartete nämlich ein Kind und wünschte sich ein Mädchen. Dennoch hing, während der Schwangerschaft und noch Jahre danach, der Kunstdruck über dem Ehebett: das Bild des jungen David, das Bild einer Marmorstatue von Michelangelo. Es hat nichts genützt, Goody kam zur Welt, und Goody sieht dem David nicht im mindesten ähnlich. Später einmal hat jemand die Wand mit Jodtinktur bespritzt. Die eingetrockneten Jodflecken schillerten in allen Regenbogenfarben. Das müssen Sie sich vorstellen: die Schatten auf dem dunklen Hintergrund des Bildes, den Dämon, das aus Flecken und Schatten entstandene Zerrbild eines menschenähnlichen Gesichts.«

Wie still es auf einmal ist! Der Bruder hört das Echo seiner eigenen Stimme. Die Amerikanerin hat sich abgewendet. Eisinger zieht den Schlüssel aus der Jackentasche. Im Garten gehen die Scheinwerfer an, die das Museum nachts beleuchten. Eisinger öffnet die Tür. Im Vorraum, neben dem Glaskasten mit dem Moorrind, steht Erdem. Er geht auf den Bruder zu und packt ihn mit beiden Händen an den Schultern: als müsse er Eisinger vor ihm beschützen.

Dabei ist es doch so, daß sich der Bruder oft ausdenkt, wie es wäre, wenn Goody sich in Lebensgefahr befände, und von ihm allein, dem Bruder, hinge seine Rettung ab.
Zum Beispiel müßte Goody bei einer routinemäßig durchgeführten, ärztlichen Untersuchung erfahren, daß er an Leukämie erkrankt ist, und nur das Rückenmark des Bruders kann ihm helfen. Jedermann weiß, daß die Operation gefährlich ist, und nach der erfolgreichen Operation erscheint in der Zeitung ein Bericht unter dem Titel: Bruderliebe.
Kitsch denkt er sich aus. Er weiß das, aber es hilft

nichts: Er stellt sich auch vor, daß er eine Erbschaft antreten kann, die Hinterlassenschaft des Onkels, der vor Jahren nach Südafrika ausgewandert ist, und er sagt zu Goody: »Du weißt doch, Onkel Ernest. Er hat bei Nestlé gearbeitet, dann eine Farm gekauft, Eichenwälder, Weinberge und Anteile an einem Wildpark mit Gästehäusern, Jagdlizenzen und Souvenirläden. Einmal hat er uns eine aus Bast geflochtene Decke geschickt, erinnerst du dich? In unserer Hausbar lag ein Zettel mit der Adresse: Ernest Eisinger, Box 57, Huguenot Road, Franschhoek 7692. Er wollte uns immer besuchen, mit dem Schiff nach Europa fahren und die Bayreuther Festspiele erleben. Jetzt ist er tot, und ich will für dich sorgen, es ist genug da für uns beide, verstehst du? Schluß mit diesem schwachsinnigen Museum, Schluß mit der dummen Amerikanerin, nur wir beide, du und ich, wir fangen ganz neu an, du magst doch Tiere, Elefanten, zum Beispiel. Harpoor hieß der größte Elefant in Ernests Park, und der Onkel schrieb, Harpoor greife die Touristen an, wenn sie Orangen bei sich trügen, der Geruch von Orangen treibe ihn zur Raserei.

Und noch etwas: Ich werde dich nie mehr Goody nennen. Niemand mehr wird dich Goody nennen. Ich verspreche es.«

Oder er malt sich aus, wie sich die Amerikanerin einmischt. Wie sie sagt: »Ich habe mir das überlegt, ich nehme euch mit. In meinem Haus gibt es Platz genug für drei.«

Sie wohnt im Schatten eines zwölf Stockwerke hohen Hotels. Jeden Tag läuft der Schatten des Hotels über die California Avenue, über den Vorplatz, über die Alleebäume und über ihr Haus hinweg, und Gehsteig, Vorplatz, Stechpalmen, Hibiskusbüsche und die Lichtblitze der Kolibris sind nichts anderes als geheime Zeichen an der Sonnenuhr, der vielleicht Missionare den Namen Santa Monica gegeben haben.

Der Bruder sieht: Auf der Straße liegen vom Wind heruntergerissene Palmwedel.

Am Morgen zieht Nebel vom Ozean herein.

In Wolldecken gehüllte Obdachlose frieren auf den Parkbänken.

Vom Rand der Klippe führen Treppen und Brücken über den Highway hinunter zum Strand, zum Pier, zu einem Zirkuszelt, zu Feuerspeiern und Spielzeugverkäufern, zu den Bretterbuden, zu den Radfahrerwegen nach Malibu und nach Venice.

Ein Artist ahmt die Flugbewegungen einer landenden Möwe nach.

Ein Angler reißt einem Fisch die Schwimmblase aus dem Leib.

Eine Rollschuhläuferin rast mit ihrem Baby im Kinderwagen über die Betonpiste im Sand.

Er sieht es; er muß es nicht selbst entdecken, um es zu sehen. Es ist ein Wiedererkennen der Schauplätze in den Romanen von Raymond Chandler.

An der siebten Straße gibt es einen Lebensmittelladen, an der Ecke Arizona Avenue liegt das Postgebäude, in der dritten Straße die von efeuüberwucherten Dinosauriern bewachte Fußgängerpromenade mit dem Restaurant Trilussa.

»Nein, mein Herr, eine zweite Flasche dürfen wir Ihnen nur bringen, wenn Sie auch Essen bestellen«, sagt ein Kellner.

Das könnte Humor sein, aber Chandlers Privatdetektiv Marlowe empfiehlt seinen Lesern, in dieser Stadt erst dann zu lachen, wenn sie ganz sicher sind, daß der andere einen Scherz machen wollte.

Goody, die Amerikanerin und der Bruder sitzen auf der Terrasse. Der Wind aus den Sant-Ana-Hügeln weht am Abend heftiger. Neben den Tischen glühen die mit Flaschengas betriebenen Heizlampen. Der Mann am Honky-Tonky-Klavier auf der gegenüberliegenden Straßenseite hält mit der linken Hand seinen Hut fest. Er ist angezogen wie, er spielt wie, er singt wie Fats Waller. Mrs. Robinson grüßt im Vorübergehen, die Mädchen der Heilsarmee hopsen um ihren Topf herum, ein unglücklich Verliebter nimmt auf einem Abfalleimer Platz, um einen Brief an sich selbst zu schreiben, und Goody, natürlich, hat schon einen Freund gefunden, Willie, ja, den mit der Geschichte ›Das Glückskind‹; Restaurantbesitzer Willie Temmel, the best NON-FAT Ice Cream in the World.

Willie braucht einen Eislieferanten. Er bringt Eis zum Planeten Hollywood, ins Beverly-Wilshire-Hotel, in Schwarzeneggers Schatzi.

Und nun zeigt es sich, daß Goody keinen Führerschein besitzt.

»Kein Problem in Los Angeles«, sagt Willie. »Die Leute brauchen ein Auto, alle, auch die Leute, die nur drei oder vier Jahre zur Schule gegangen sind. Es ist hier kinderleicht, den Führerschein zu bekommen; vierzehn Millionen schaffen das.«

»Ich wäre dir dankbar, wenn du mir dabei helfen würdest«, sagt Goody zu dem Bruder.

Und jetzt, Frau Saunders, könnten Sie sehen, wie der Bruder für Goody den Fragebogen ausfüllt. Sie könnten sehen, wie er mit ihm zur Prüfung geht.

Goody ist auf dem linken Auge fast blind, ihm ist nämlich einmal etwas passiert, Frau Saunders. Sein linkes Auge kann nicht einmal die Tafel an der Wand erkennen, auf der, von Zeile zu Zeile kleiner werdend, der Buchstabe E seine Beine in alle Richtungen spreizt.

Die Expertin tut so, als merke sie nicht, daß der Bruder für Goody spricht. Sie schaut zur Wand, zeigt mit einem Stock auf die Zeichen, und der

Bruder sagt: »Aufwärts, links, abwärts, links, links«, und sie sagt: »Okay, okay, okay.«
So geht es hier zu, Roma, wie ein Großer könnte Ihnen der kleine Bruder Ihr Amerika erklären, und noch ganz andere kämen herbei, um ihm zuzuhören, und er säße da, an einen der Dinosaurier geklammert, auf dem Brunnenrand und redete und redete mit geschlossenen Augen zu der Menge, die sich um ihn geschart hätte –, aber dann, wenn er die Augen öffnet, ist er allein, sein Mund ist trocken, er fährt auf und greift nach der Flasche auf dem Tisch.

Einmal, ein einziges Mal, hat er geträumt, daß es ihm gelingt, Goody umzubringen.
An Schlaf kann er sich nicht erinnern, nur an eine andauernde, zur Folter gewordene Schlaflosigkeit und an diesen Traum, der ihm, nach vollbrachter Tat, Erholung und tiefe Ruhe versprach.

Mehr ist dazu nicht zu sagen.
Er ist es, der die Geschichte erzählt, Goodys Geschichte und mit ihr seine eigene.

Kurz vor Ende der Schonzeit für Forellen beehrt der Verein der Sportfischer das Museum mit einem Besuch.

Um zehn Uhr trinken die Herren in der Eingangshalle Weißwein.

Der Präsident, von Beruf Kulturminister der Stadt, hat den Wunsch geäußert, Herr Eisinger möge sie an ihrer Generalversammlung durch die Ausstellung führen. Er lädt ihn auch zu einem Glas ein, aber um zehn Uhr morgens trinkt Eisinger keinen Alkohol, zehn Uhr morgens ist zu früh, frühestens um elf trinkt er einen Frühschoppen, und an den Tagen, an denen Sommerzeit und Winterzeit wechseln, trinkt er gar nichts.

Es gehe Herrn Eisinger vielleicht um Glaubwürdigkeit, sagt der Kulturminister; Glaubwürdigkeit sei entscheidend im Leben. Er selber habe einmal in Kanada eine vierundachtzig Zentimeter lange Seeforelle an Land gezogen, habe sich dann aber entschlossen, den Fisch ins Wasser zurückzuwerfen, weil ihm plötzlich eingefallen sei, daß niemand zu Hause ihm diesen Fang glauben würde. Das wichtigste Kapital eines Politikers sei aber Vertrauen, und Vertrauen entstünde nur durch Glaubwürdigkeit.

Und wer wagt es jetzt, als einziger, zu lachen?

Lachend fordert Eisinger die Herren zum Rundgang auf. Er erklärt ihnen, wie das war mit den Stäbchenangeln, damals, als die Krummangel mit Widerhaken noch nicht erfunden, die Fischerei mit Harpunen und Netzen allerdings längst bekannt war – wie also ein Fisch einfach den Köder von der Stäbchenangel streifen und dann nur noch die Angel ausspucken mußte, vorausgesetzt, daß sie ihm – einem Karpfen, zum Beispiel – nicht im Hals steckengeblieben war. Wie einem ja oft etwas im Hals steckenbleibt, manchmal sogar das eigene Wort – und er deutet auf den Glasschrank mit den Exponaten aus Knochen, Bronze und Leinenfasern.

Was der Dreck auf den Tablaren bedeute, fragt der Kulturminister, und ob es sich vielleicht um sozusagen versteinerte Köder handle?

»Mäusedreck«, sagt Eisinger. »Mäuse sind eine Gefahr für jedes Museum.«

Und daß man sich erstens überlegen müsse, wie man in einem Museum Mäuse fängt, und zweitens, wie man die gefangenen Mäuse loswird. Rattenfallen, zum Beispiel, sind geeignet, aber wer in einer Rattenfalle eine Maus fängt, muß mit ihr an einen geeigneten Ort fahren, am besten an einen Waldrand, um sie dort freizulassen. Auch Schlagfallen werden empfohlen, sagt Eisinger, sie kommen für ihn aber ebensowenig in Frage wie etwa Schlingen, Gas oder Giftkörner. Eine gewisse Jacqueline aus Schönberg habe dann aber

die Idee gehabt, ihm ihre Katze auszuleihen, und wenn es der Katze auch nur selten gelinge, eine Maus zu fangen, so wisse man doch, daß Mäuse ein Haus, in dem Katzen gehalten werden, bald einmal verlassen. Das dürfe als erwiesen gelten.
Eisinger erwähnt die alten Ägypter, die Mönche im Mittelalter, die Heiligsprechung und die Verfolgungen, das Zähmen und das Verwildern. Eisinger bittet die Amerikanerin, die Katze zu holen, und er zeigt den Herren, wie er, und zwar in einer Silberschale aus dem zweiten, vorchristlichen Jahrhundert, Milch mit Wasser mischt. Entzückt klatscht die Museumsdirektorin in die Hände, die Katze beginnt zu miauen, der Kulturminister beugt sich hinunter, um sie zu streicheln.

Nach dieser Vorführung werden die Vereinsmitglieder eingeladen, nun auch noch die unscheinbarste, aber durch Mäuse am meisten gefährdete Sammlung des Hauses zu besichtigen. Hier werden schwarz zusammengebackene Siedlungsabfälle des Neolithikums aufbewahrt, und Eisinger kommt jetzt erst recht in Fahrt.

Er spricht von Brot, und Brot ruft nach Hunger, und Weizen, zum Beispiel, gibt es noch nicht als Kulturpflanze, aber Gerste für den Hunger und als Bier für den Durst. Gerste wächst auf winzigen Feldern, die Körner werden auf einer Steinmühle geschrotet, das Mehl wird mit Wasser zu Fladen geknetet, auf dem Herdstein gebacken und zum Abkühlen auf ein an der Hüttenwand befestigtes Bord gelegt, während das Bier an der Sonne zum Gären gebracht wird; denn wer von Hunger und Durst redet, muß auch vom Hungerstillen und vom Durstlöschen reden, also von der Verwandlung einer Not in einen Glücksaugenblick. Bakken und Brauen gehören zusammen, man kann es in den Märchen der Brüder Grimm nachlesen: Heute back ich, morgen brau ich, übermorgen hol ich der Königin ihr Kind.

Von Äpfeln spricht er diesmal nicht.
Er sagt nicht, daß im Frühling der Apfelbaum nach dem Kirschbaum blüht, und überhaupt wie das ist mit der Wahrheit.

»Äpfel singen«, hat er einmal gesagt, in einem Spätsommer, es ist lange her, in einem Frühherbst vor vielen Jahren. Der Bergwind in den Weiden am Weiher versprach den Kindern weitere sonnendurchwärmte Tage, und im schräg einfallenden Nachmittagslicht warf jeder einzelne Grashalm in der Wiese einen scharf umrissenen Schatten.
An den Apfelbaum gelehnt, stand die Leiter, und auf der Leiter stand ein Junge. Er versuchte, auf der nächsten Sprosse Tritt zu fassen, und stürzte,

wie von einer unsichtbaren Hand gestoßen, ab, kam herunter, fiel ins Gras, lag im Moosteppich, drehte sich auf den Rücken und fuhr fort, als sei nichts geschehen, den zuletzt gepflückten Apfel mit dem Taschentuch zum Glänzen zu bringen. Er hielt ihn ans Ohr und sagte: »Er singt! Niklaus, kannst du es hören? Der Apfel singt.«
Der Bruder warf die Stücke der zerbrochenen Leitersprosse mit weitem Schwung über die Thujahecke, sagte etwas, wartete nicht auf eine Antwort, setzte sich rittlings auf den am Boden Liegenden und fing an, ihm die Fäuste ins Gesicht zu schlagen, in die Augen, auf die Stirn, auf den Mund, wieder und wieder, während der Hund des Nachbarn drüben, auf der anderen Seite der Hecke, mit einem Holzstück im Maul – einem Beweisstück, sagte man später – hin und her rannte und auf die Fortsetzung des Spiels wartete.

Was kann man schon von Äpfeln sagen, außer, daß sie in den Märchen eine Rolle spielen, in denen es um Verletzungen geht, um Haß und um Liebe.

Die Sportfischer haben ihren Rundgang beendet.
Eisinger, die Amerikanerin und die Direktorin des Museums begleiten ihre Gäste zur Tür. Das helle Märzlicht zaubert Reflexe auf die Fensterschei-

ben und in den Strahl der Wasserfontäne im Springbrunnen. Auf den Bänken vor dem Haus sitzen, in ihre Wintermäntel gehüllt, frühlingsmüde Spaziergänger, Träumer mit weit offenen Augen.

Beim Abschied überreicht ein Vereinsmitglied der Direktorin einen Scheck über fünfzigtausend Franken. Noch nie, sagt sie, habe ihr Museum eine so großzügige Unterstützung von privater Seite erhalten. Mit einer solchen Überraschung habe sie wahrhaftig nicht gerechnet, und wie sie denn jetzt die richtigen Worte finden solle, um sich dafür zu bedanken?

»Fragen Sie Herrn Eisinger«, sagt der Präsident lachend. »Er ist Ihr bester Fürsprecher.«

Vorsichtig steigen die Herren über die Treppenstufen hinunter. Einer zeigt auf ein Eichhörnchen, das, an den Stamm einer Tanne geklammert, reglos auf sie niederblickt, ein anderer weist auf das zerbrochene Fahrrad im Kanal oder auf die Wirbel, die es verursacht, oder auf die Entenmännchen, die ihre Weibchen durchs Wasser jagen.

»Die Forellen stehen an der Schattenlinie unter der Brücke,« sagt Eisinger. »Übermorgen ist die Schonzeit zu Ende« – und er preßt die Lippen zusammen.

3

Übermorgen ist Sonntag.
Am Sonntagmorgen geht Eisinger zum Kiosk, immer zu einem anderen Kiosk: am Bahnhof, in der Busstation, in der Fußgängerzone.
Dem Bruder, der ihm folgt, fällt es nicht leicht, während einer gewissen Zeit unentdeckt zu bleiben und dann, ganz plötzlich, hinter einem Baum hervorzutreten, auf die Rolltreppe zu springen, das mit Teeröl schwarz lackierte Pissoir rechtzeitig zu verlassen, um so eine Begegnung zu erzwingen.
Am Sonntag, übermorgen, taucht er in einem Hauseingang auf, Eisinger grüßt ihn, geht aber, ohne innezuhalten, an ihm vorbei zum Kiosk an der Ecke. Er fragt die Kioskfrau, was die Sonntagszeitung koste. Jedesmal fragt er, und jedesmal antwortet die Kioskfrau: »Drei Franken zwanzig.«
»Was? So viel?« sagt Eisinger. »Wann ist sie denn teurer geworden?«
Die Zeitung ist überhaupt nicht teurer geworden, seit zwei Jahren kostet sie drei Franken zwanzig. Eisinger weiß das. Er legt den Kopf in den Nacken und fängt an, mit der Kioskfrau zu reden. Über Abwesenheiten redet er, in irgendeinem Ausland sei er gewesen, und an die Preise, die jetzt im Inland bezahlt würden, müsse er sich erst gewöh-

nen. Bis auf die Preise hat sich im Inland wenig verändert; aber gibt es nicht viele Dinge, an die man sich halten kann, eben gerade darum, weil sie sich verändern? Die Blütenstaubmuster auf dem Asphalt, zum Beispiel, oder das rote Band, das sich hinter einem Flugdrachen für einen kurzen Augenblick mit einem anderen, roten Band am Himmel kreuzt – und Eisinger reicht der Kioskfrau das Geld über den Tresen: die schon zu Hause abgezählten drei Franken zwanzig.

»Danke«, sagt sie, und »Sagen Sie, was soll denn das heißen: irgendein Ausland? Wo waren Sie überhaupt? Waren Sie vielleicht krank?«

Eisinger erklärt ihr gerne, was es mit seinen Reisen auf sich hat. Saß er etwa nicht gestern abend lesend zu Hause und war gleichzeitig mit Wenitschka im Zug, unterwegs nach Petuschki, bis Kilometer fünfundsechzig; später am Abend dann noch mit einem Dichter auf ein Bier bei Aschinger im Berlin des Jahres 1907? Und er lacht über die Grimasse, die die Kioskfrau jetzt schneidet, und er sagt ihr, daß er sich freue, mit ihr ins Gespräch gekommen zu sein; der Anlaß dazu sei eigentlich nicht wichtig. Er, Eisinger, sei nämlich gesprächssüchtig, und in vielen reichen Ländern fürchteten sich die Leute vor allen Süchtigen, vor Rauchern und vor Trinkern ebenso wie vor Rauschgift-, Mager-, Hab- und Sehnsüchtigen. Natürlich gehöre das Suchtverhalten zur Entwicklungsgeschichte der Menschheit; aber wer dann wirklich einer Sucht erliege – und er preßt die Lippen zusammen.

Er fragt nicht einmal, ob er ihr mit seinem Geschwätz auf die Nerven gehe oder ob er sie langweile.

Der Bruder sieht, daß er sie nicht langweilt. Er sieht, daß sie keine Angst davor hat, durch Eisinger in eine Geschichte verwickelt zu werden, die sie nichts angeht. Er sieht, wie sie sich das Haar aus der Stirn streicht und ihm nachschaut, mit einem Blick voller Aufmerksamkeit und Vertrauen, einem kuhäugigen, großen Kinderblick.

Eine halbe Stunde später trifft sich Eisinger mit Dr. Amweg, einem Arzt, im »Bistro«, in dieser heruntergekommenen Bar an der Busstation Vorholz.

Fast immer spielen sie Schach, und nebenbei reden sie über den Kriminalroman, den der Doktor seit vielen Jahren im Kopf herumträgt. Eines Tages wird er ihn schreiben, das ist sicher; aber vorläufig gelingt ihm das nicht, vorläufig scheitert sein Held, der Detektiv, schon am Anfang, beim ersten Telefonanruf. Entweder ist der Teilnehmer nicht zu Hause oder der Anschluß ist besetzt. Wenn er doch einmal durchkommt, fordert ihn der automatische Anrufbeantworter auf, eine Nachricht zu hinterlassen. Er will aber keine

Nachrichten hinterlassen, er will Fragen stellen und Fragen hören, die die Erzählung zum Laufen bringen.
Eisinger versteht das. Er ist seit Jahren Dr. Amwegs Patient. Eigene Antworten muß der Arzt schon selber finden.
»Und daß Sie mir keinen Alkohol trinken, Sie, mit Ihren Kopfschmerzen«, hat er zu Goody gesagt, als sie sich in seiner Praxis kennenlernten. »So, und nun gehen wir hinunter in meine Wohnung und trinken einen Whisky zusammen«, hat er hinzugefügt. »Wissen Sie, der Doktor muß Ihnen Alkohol verbieten, aber der Amweg darf Sie zu einem Glas einladen. Spielen Sie Schach?«

Eisinger spielt nicht gut. Jetzt gerade ist er am Zug.
»Passen Sie auf Ihren Springer auf«, sagt der Arzt.
In Wirklichkeit denkt er nicht daran, Goodys Springer zu schlagen. Wenn er seinen Gegner besiegt, will er ihn in einem kühnen Spiel besiegt haben.
Manchmal vergessen sie das Schachbrett und reden nur. Der Arzt beugt sich vor und hört Eisinger zu, gelöst und heiter, als sei er, solange sie zusammen sind, von einer schweren Last befreit, wie geheilt und zu jedem Neuanfang bereit.
Sie rufen den Kellner, bezahlen, treten auf die Terrasse und schauen in die Stadt hinunter.

Wolkenschatten ziehen über sie hinweg und über den Buchenwald am Hang, der da, wo die Feuer verlöscht sind, im Sonnenlicht leuchtet. Der See ist zu ahnen, ein Geruch von Wasser liegt in der Luft, ein Hauch von Fäulnis, ein zweideutiges Versprechen auf etwas Unbekanntes, Heftiges, Wildes.

Nur einen Augenblick lang hat sich der Bruder ablenken lassen, und wie er jetzt aufschaut, ist die Terrasse leer.
Der Arzt bringt Eisinger mit dem Wagen in die Stadt zurück. Wieder hat er zu viel getrunken. Sollte er in eine Verkehrskontrolle geraten, würde ihm der Führerschein entzogen. Er müßte sich einer Blutprobe unterziehen und, Fuß vor Fuß gesetzt, auf einem schwarzen Streifen am Boden vorwärts und rückwärts gehen. Goody würde in einem Vorzimmer des Krankenhauses auf ihn warten. Er käme zu spät zu dem Treffen, das er mit der Amerikanerin vereinbart hat. Zu einem weitläufigen Spaziergang reichte es nicht mehr und zu einem Besuch bei den Elefanten in der Zirkusmenagerie auch nicht.
Aber für das Zusammensein am Abend reicht es.
Sie betreten das Haus, Eisinger zündet das Licht im Korridor an, sie löscht es gleich wieder, drängt sich an ihn und legt ihr Gesicht an seinen Hals, in

diese Wärme, Haut an Haut – eine Wärme, die der Bruder im Etablissement ›La Mamma‹ vergeblich sucht, denn dort, bei den jungen Frauen im Kundendienst, ist Wärme ein Tabu: unverletzlich, unantastbar.

»Bistro, Bistro«, sagen sie. Eine von ihnen hat ihm einmal erklärt, ›bistrobistro‹ sei russisch und bedeute »schnellschnell«.

Er weiß nicht, ob das wahr ist. Für ›Wahrheit-sagen‹ gibt es kein Verb, für ›Lügen‹ schon: Ich lüge, du lügst.

In einem Steckbrief, zum Beispiel, kommt das Wort ›Lüge‹ nicht vor, ein Steckbrief muß – banalerweise – von einer vermuteten Wahrheit ausgehen und mit einem Namen anfangen.

Gesucht wird: Gottfried Eisinger, geboren da und da. Die Mutter flüchtete sich nach der Geburt in ihr abgedunkeltes Zimmer, die Hebamme blieb. Sie wurde als Ratgeberin gebraucht. Ihre Autorität beruhte auf dem Umstand, daß sie selbst zwei Kinder verloren hatte, das erste durch einen Unfall, das zweite durch Scharlach.

Als Goody acht Jahre alt war, versuchte er, an Masern zu sterben. Er klagte über wiederkehrende Fieberträume von Schlachthöfen und las, wenn er dazu in der Lage war – und gewiß nur, um der Hebamme Freude zu machen –, das Katzenbuch ›Silberpelz‹.

Wer den ›Silberpelz‹ lese, wie er ihn lese und am Abend dann auch erzählen könne, was er gelesen habe, sei ein wertvoller Mensch, sagte sie; und gerade für wertvolle Menschen sei die Rotsucht gefährlich: »tückisch«, sagte die Hebamme und bereitete den Vater, die Mutter, die Kinderfrau und den Bruder darauf vor, daß sie entschlossen war, Goodys Masern mit allen ihr zur Verfügung stehenden Mitteln zu bekämpfen. Jedes einzelne dieser Mittel erwies sich als Tortur für den Patienten. Tag für Tag wurde er in mit Senfpaste bestrichene Tücher eingewickelt. Seine Haut verfärbte sich, wurde brandrot, warf Blasen und platzte, und Goody schrie und tobte und wand sich in seinem Bett vor Schmerzen.
Aber wie ging es weiter?
Eben noch saß der Bruder in seinem Versteck im Nebenzimmer, ergötzte und entsetzte sich an Goodys Schreien – und schon, ohne Übergang, war die Hebamme verschwunden, war Goody gesund und ging wieder zur Schule, als sei nichts gewesen. Das Versteck aber blieb noch lange nach Goodys Genesung eine heimliche Opferstätte des Bruders, und seltsame Rituale vollzog er dort.
Davon will er nicht sprechen; Eisinger hat nichts damit zu tun. Um ihn kenntlich zu machen, könnte man sagen, Goody sei groß gewachsen, habe schwarze Augen, dunkles Haar und als besonderes Kennzeichen eine Narbe an der Stirn.

Hunderte von Leuten haben schwarze Augen, dunkles Haar und vielleicht auch eine Narbe an der Stirn.

Fakten genügen nicht.

Ebensogut könnte ein Ermittler behaupten, Goodys Erscheinung sei eine Tarnung und verberge das eigentliche Wesen, nämlich das Wesen eines Tänzers mit seltsam verzögerten Bewegungen, schwerfällig und leichtfüßig zugleich, raumgreifend, irgendwie musikalisch, wenn man das sagen könne.

Andrerseits erwecke er manchmal den Eindruck, ganz und gar ungelenk zu sein, unbrauchbar zu jeder praktischen Arbeit.

Der Bruder erinnert sich an ein von Goody gebautes Segelflugzeug, an Goodys Bastelarbeiten und an das bucklig gehobelte Tablar, das Goody in einem Gewirr von Schnüren als freihängende Brücke vor dem Küchenfenster befestigt hatte.

Nur mit Stein und Metall kann Goody umgehen. Das würde der Bruder beschwören, wenn es darauf ankäme, Eisinger zu überführen.

Daß er die Aufmerksamkeit der Leute auf sich zieht, unweigerlich und überall, würde ihm in einem solchen Fall zum Verhängnis werden.

Und dann? Wie lange würde es dauern, bis Eisinger im Zuchthaus ein Vertrauensmann der Gefangenen wäre?

Auch Erinnerungen genügen nicht.

»Steckbrief zum Unkenntlichmachen einer Person«, sagt der Bruder, »Sonntag ist übermorgen«, sagt er, springt auf, geht in die Küche und mischt sich aus dem Bodensatz in den Flaschen einen letzten Drink.

Ihm fällt ein, daß er Goody schon einmal, vor langer Zeit, beschrieben hat, beim Schreibenlernen in der zweiten Klasse. ›Mein Bruder‹, hat er geschrieben. ›Mein Bruder ist mutig und fröhlisch. Er ißt nicht gern Fleisch. Mein Vater sagt, du mußt das Fleisch essen, sonst gibt es eine Strafe. Aber er ißt nicht, und es gibt doch keine Strafe. Ende!‹

Am Sonntag stand der Bruder an der Kanalbrücke und wartete vergebens auf Eisinger. Die Schleusen waren geöffnet worden, der Fluß zog eilig dahin, in den Bergen hatte die Schneeschmelze begonnen, vor den Brückenpfeilern verkeilte sich das mitgerissene Fallholz.
Sonntag, das war vorgestern.
Eisinger ging nicht zum Kiosk und auch nicht in das Vorholz-Bistro, und der Bruder ärgerte sich darüber, daß er Geld zum Fenster hinausgeworfen hatte, neun Franken sechzig, um genau zu sein, neun Franken sechzig für drei an verschiedenen Kiosken gekaufte Sonntagszeitungen. Altpapier.

Nicht vergessen: der Bruder nimmt das persönlich. Was Eisinger tut oder unterläßt, tut oder unterläßt er gegen ihn, und gerade, indem er die Erwartungen des Bruders nicht erfüllt, macht er ihn zum kleinen Bruder, zum Kleinen, der von dem Großen abhängig ist, auch noch mit fünfundfünfzig Jahren.
Immer war das schon so: Solange er lebt, ist Eisinger zwei Jahre älter.
Als der Bruder ihn einmal ›Idiot‹ genannt hatte, drehte sich ein Mann auf der Straße um und sagte verwundert zu seiner Frau: »Anna, hast du das ge-

hört? Jetzt sagt doch dieser Kleine zu dem Großen, er sei ein Idiot.«
Wäre es umgekehrt gewesen, wäre das dem Mann nicht aufgefallen. Ein Großer darf einen Kleinen Idiot nennen, wie es ihm beliebt; das fällt keinem auf, das ist normal.
Die Kleinen haben sich daran gewöhnt. Sie haben gelernt zu erwarten, daß die Großen ihnen die Welt erklären, und die Großen machen das auch, wenn sie gut gelaunt sind. Sie erklären den Kleinen die Welt, ihre Welt, die Welt der Großen.

Den Oberschülern, die den Bruder im Pausenhof fangen wollten, erklärte Goody, dies sei sein kleiner Bruder, den sollten sie doch bitte in Ruhe lassen. Sie lachten, holten sich einen anderen kleinen Jungen, schleppten ihn zum Klettergerüst, banden ihn an den Stangen fest und kitzelten ihn am Hals, am Bauch, an den Beinen, so lange, bis er aus Atemnot zusammenbrach, und Goody stand daneben und mischte sich nicht ein.
Für alles hatte er eine Erklärung.
In der vierten Klasse brachte er Hefte mit nach Hause und einen Füllfederhalter, während der kleine Bruder seine Zahlen und Buchstaben mit Bleistift auf eine weiße Tafel schreiben mußte. Eisinger sagte ihm, daß eines der Hefte ›Aufsatzheft‹ heiße, daß das Wort Aufsatz von aufsetzen komme, daß sie ihre Aufsatzhefte aber nicht zum

Aufsetzen verwenden dürften, denn zum Aufsetzen diene das Allerleiheft. Das, was am Ende im Aufsatzheft stand, war die Reinschrift; der korrigierte und veränderte Entwurf: fremden Händen ausgeliefert.

›Und dann stiegen wir in den Zug und fuhren nach Spiez,‹ hatte Goody geschrieben! ›Es regnete ein wenig und dann, als wir am Stockhornsee ankamen, kam auch Nebel vom Berg herunter. »Wäre das Wetter schön, wäre hier oben ein zu großes Gedränge«, sagte der Lehrer. Und dann packten wir den Rucksack aus und fingen an zu essen.‹

Der Lehrer hatte mit rotem Kugelschreiber Inhalt 4 bis 5, Stil 3, Schrift 5 unter den Entwurf geschrieben, und dazu die Bemerkung: Ersetze <u>und dann, und dann</u> durch die Wörter <u>später, bald darauf, danach, am Abend.</u> Schluß also: <u>Am Abend kehrten wir müde, aber glücklich von der Schulreise nach Hause zurück.</u>
Der Bruder erinnert sich daran, weil sich der Vater über die schlechte Note ärgerte und auch, weil er zusehen konnte, wie sich Goody unterwerfen mußte, dem Vater, dem Lehrer.
Unter diesem Lehrer wurde er zum Leser. In den Büchern fand er Schutz und Zuflucht, vielleicht auch Trost.

Der Bruder braucht das nicht. In der Schule war er besser als Eisinger. Er war ein erfolgreicher Schüler. Es galt schon früh als ausgemacht, daß er die Handelsschule besuchen würde, wie der Vater es wünschte, damit jemand die Patente des Onkels in Afrika nutzen konnte.

»Aber das ist geheim«, sagte der Vater, »eine Familienangelegenheit. Von Onkel Ernest wißt ihr nur, daß er ein Erfinder war, bei Nestlé gearbeitet und sich später eine Farm gekauft hat. Eines Tages wird er uns besuchen, ganz sicher.«

Sinnlos waren die Befehle, leer die Versprechen, trügerisch die Hoffnungen: Onkel Ernest kam nie, sah nie eine Aufführung der Meistersinger in Bayreuth, und aus den Patenten wurde auch nichts.

Nach dem Abschluß der Handelsschule trat der Bruder eine Stelle als Versicherungsagent an und diente sich in einem langsamen Aufstieg zum Bereichsleiter hoch; Abteilung Leben. Nach und nach schlossen alle Familienmitglieder bei ihm eine Versicherung ab, die Mutter eine Risikoversicherung, zahlbar nur im Todesfall.

Ihre Police wurde im Juni 1989 fällig. Es war ein guter Vertrag, der Bruder hätte dafür ein Lob verdient, aber Eisinger erklärte der Amerikanerin, viel wichtiger als das Totengeld sei das, was mit der Mutter passiert sei, ein Jahr vor ihrem Tod; diese Wende hin zum Leben.

»Man muß damit anfangen, wie sie an ihrem dreiundsiebzigsten Geburtstag erwacht«, sagte er.

»Sie erwacht, es ist ein heller Frühlingstag, im Rasen wächst Moos, aus dem Tulpenbeet steigt der Geruch von feuchter Erde – sie liegt im Bett am offenen Fenster und stellt fest, daß etwas mit ihr geschehen ist, sie weiß nur nicht, was.

Verwundert steht sie auf, zieht sich an und wirft, ohne zu zögern, ihre Schmerztabletten in den Kehrichteimer.

Am Nachmittag bestellt sie ein Taxi. Dann fällt ihr ein, daß sie Geld braucht. Sie ruft den Verwalter der Ersparniskasse an und bittet ihn, ihr tausend Franken zu bringen, persönlich bitte, in die Konditorei Schwan.

Der Taxichauffeur muß nicht draußen warten. Sie lädt ihn zu einer Tasse Tee ein, sie sagt ihm, der Tee im Café Schwan schmecke fast so gut wie der Tee, den sie, die noch unverheiratete junge Frau, in der Kaffeehalle – ihrem Elternhaus – getrunken habe.

Für den Bankverwalter bestellt sie Kaffee und Pâtisserie. Zwanzigerstücklein habe man das damals genannt, sagt sie, während sie die Quittung unterschreibt und die Hunderternoten, ohne nachzuzählen, in die Tasche steckt. Sie werde sich in den nächsten Tagen wieder melden, sagt sie; Zehnerstücklein gab es übrigens auch, Schuhsohlen aus Blätterteig zum Beispiel, Trockengebäck.

Der Chauffeur schaut auf die Uhr, sie legt ihre Hand auf seinen Arm und bittet ihn, ihr beim Abendessen Gesellschaft zu leisten, irgendwo am See in einem Fischrestaurant oder oben, in Schönberg, er kenne sich doch besser aus als sie – und während des Essens, sagt sie, müsse er einfach die Taxiuhr weiterlaufen lassen, damit er nicht zu Schaden komme.«

»Aber seine Familie ist zu Schaden gekommen«, sagte der Bruder. »Oft kam er erst nach Mitternacht heim, und dabei war er vierzig Jahre jünger als die Mutter.«

»Ja und?« fragte Eisinger, »willst du jetzt in Tränen ausbrechen?«

Die Amerikanerin lachte. Immer mischte sie sich mit ihrem Lachen ein. Sie fand es richtig, daß Eisinger die Mutter in Schutz nahm, und konnte nicht verstehen, daß der Bruder dem Familienrat die Einweisung der Mutter in ein Pflegeheim vorgeschlagen hatte. So weit kam es allerdings nicht, denn ein Jahr später, im Juni 1989, war sie tot.

»Du verstehst«, sagte Eisinger, »das ist nicht die ganze Geschichte.«

Warum sagte er es nicht? Warum sagte er nicht: Die Mutter war eine gläubige Frau. Sie mußte die Angst vor dem Leben verlieren, um sterben zu können.

»An ihrem Todestag ist die erste Rose aufgegangen, und die Hauspflegerin hat sie der Toten auf die Hände gelegt; eine gelbe Rose«, sagte er, und diesmal preßte er nicht die Lippen zusammen, sondern starrte mit offenem Mund ins Leere.

Übrigens: Am Sonntag hat die Amerikanerin mit ihrer Nichte das Grab besucht, und Jacqueline hat gesagt: »Nicht wahr, Roma, man kann sich einen Friedhof einfach auch als Park vorstellen, als großen Garten, vielleicht in einer Geschichte mit vielen Namen.«

4

In den Gärten blühen die Kirschbäume. In der Allee blühen die Kastanienbäume. Die Fahrbahn dazwischen ist spiegelglatt. Eisinger zieht einen im Flug erfrorenen Alpensegler aus dem Becken des Springbrunnens vor dem Museum.

Mai sei nicht nur der Wonnemonat, sagt er zu den Gärtnern, Mai sei nicht nur der Monat der Wiedergeburt und der Dichter, sondern auch die Zeit der Eisheiligen. Die Natur sei auf den Kälteeinbruch vorbereitet. Die jungen Alpensegler, zum Beispiel, könnten tagelang in ihren Nestern oder Löchern überleben, ohne von den Alten gefüttert zu werden, das wisse er von einem Freund.

Fast alles, was er weiß, will er von seinen Freunden wissen.

Der tote Alpensegler geht von Hand zu Hand. Er sieht einer Schwalbe ähnlich, und die Gärtner staunen über die Größe des Vogels.

Es gebe in der Umgebung nur noch wenige Kolonien von Alpenseglern, sagt Eisinger. Erdem habe sich um sie verdient gemacht; Erdem, der Vogelwart im Nebenberuf.

Eisinger sagt, im April habe sich Erdem ein Motorrad gekauft, um die Nistplätze der Alpensegler in den Kirchtürmen zu besuchen, aber weil es so kalt geworden sei, stehe das Motorrad immer noch in der Werkstatt des Verkäufers.

Natürlich habe er auch daran gedacht, eine Frau zu finden, eine Begleiterin, die gerne auf dem Rücksitz des Motorrads Platz nehmen möchte – und wenn er davon rede, sagt Eisinger, hebe Erdem die Arme, als wolle er selbst auf- und davonfliegen.

Um zehn Uhr wartet Goody am Tisch des Aufseherzimmers auf eine Keramikerin, die sich von den Formen der alten Gefäße Inspiration erhofft, und auf Dr. Amweg, der versprochen hat, die eben erst eingerichtete Sonderausstellung über römische Augenchirurgie zu besuchen.
Am Abend kommen die Kumpane von der Arbeit, Eisingers Beschützer. Behutsam ergreift Erdem den Alpensegler und wiegt ihn auf den Händen hin und her.
»Fliege Vogel, fliege vor, wart auf mich am Himmelstor«, ruft er plötzlich, und sie schauen ihn an: Was ist das jetzt wieder? Was tut er da? Warum spitzt er die Lippen, zwitschert und pfeift und trillert?
Dann fängt er an zu reden: von dem Dichter Yasar Kemal, der die Geschichte der Mütter und Väter in seiner Heimat aufgeschrieben habe – und sie sehen es vor sich, das fremde Land.
Ein Vogelschwarm verdunkelt den Himmel, steigt auf und nieder, teilt sich, vereinigt sich, zieht über die Klippen am Meer, wendet und wendet wieder,

und bei jeder Wendung lassen sich einzelne Vögel in die Distelfelder fallen, vielfarbige, kleine Vögel, Vogelbällchen. Die Lockvögel am Boden springen ihnen entgegen und werden von der Fußfessel zurückgerissen, während die Fänger hinter den Trockenmauern hervorstürzen und das Netz über die Gefangenen werfen.
»Nein, nicht um sie zu essen«, sagt Erdem, »wir bringen sie in die Stadt. Vor den Kirchen, schreibt Yasar Kemal, werden sie an die Christen, vor den Synagogen an die Juden, vor den Moscheen an die Muslime verkauft und von ihnen mit der Beschwörung ›Fliege Vogel, fliege vor, wart auf mich am Himmelstor‹ aus den Käfigen befreit und in die Luft geworfen. Himmelsvögel nennt man sie bei uns.
So war es einmal, und ob es heute noch so ist, weiß ich nicht.«

Wie als Antwort auf seinen Anruf zieht vor dem Fenster ein Taubenschwarm vorüber, und sie schauen ihm nach, schauen auf den Kanal, auf die Fassaden der gegenüberliegenden Häuser, als verberge sich hinter dem, was sie sehen, etwas, das dem Bild im Fensterrahmen fehlt; etwas, das es ganz machen könnte: ein Lichtstrahl, das Klatschen der Taubenflügel oder auch nur ein Geruch: Rauch und Erde, der Duft einer Suppe.
Auf der Suche danach durchstreifen sie die Stadt.

Suchen sei das falsche Wort, sagt Konrad. Es sei ganz leicht, die Zusammenhänge zu erkennen.

Nur sie nennen Konrad beim Vornamen. Alle anderen sagen Lanz zu ihm. Lanz, komm her, Lanz, bring mir dies, Lanz hol mir das. Lanz ist der geborene Gehilfe. In der Pause trinkt er kein Bier, sondern Tee aus einer Thermosflasche, die er von zu Hause mitnimmt.
»Kaffeeschnaps«, sagt er dazu; »niemand kann den Kaffeeschnaps machen wie meine Frau.«
Die Frühgeburten, die er aus dem Schlammrechen des Pumpwerks zieht, legt er in Pappschachteln und beerdigt sie am Zaun, da, wo der Werkhof zwischen Autobahn und Quartierstraße in ein schütteres Tannenwäldchen übergeht.
Wenn man ihn darauf anspricht, wird er wütend.

Bei seinen Nachforschungen hat der Bruder erfahren, daß Lanz schon in der Schule als verstockt galt und entsprechend von den Lehrern behandelt wurde. Als es um die Berufswahl ging, mußte er einen Teppichklopfer aus Draht formen, und der Berufsberater schrieb in seinem Bericht: ›Für eine Lehre als Laborant ungeeignet.‹
Lanz wurde Flachmaler. Die Baufirma schickte den Lehrling mit dem Bautrupp nach Saudi-Arabien, und sie hätten dort, sagte er dem Bruder, einen Palast in der Wüste draußen rosarot gestri-

chen, aber in der Nacht habe ein Sandsturm die Fassade wieder in ein körniges Graubraun zurückverwandelt, und ihr Auftraggeber, ein Prinz, der sein Geburtstagsfest absagen mußte, habe sie mit Schimpf und Schande aus dem Land gejagt.
Schließlich, sagte er, habe einer wie er Glück gehabt, als Stadtarbeiter in den Werkhöfen unterzukommen.

Konrad wird den Alpensegler zu einer Kindsleiche legen und einen Flügel über den kleinen Körper breiten, als könne das Gefieder des Vogels ihn wärmen. Er wird ein Loch am Zaun graben, Urs wird später die Rasenziegel darauf festtreten und gleichzeitig nach weißstämmigen Morcheln Ausschau halten.

An ihn, an Urs, kommt der Bruder nicht heran.
In seinem Taufschein stehen zwei Vornamen: Urs Roald.
Eisinger sagt, es gebe Väter, die ihren eigenen Vornamen, ob sie selbst ihn nun mögen oder nicht, an den erstgeborenen Sohn weitergeben.
»Andere«, sagt er, »schlagen im Who is Who, in der Bibel, im Telefonbuch nach, oder sie erinnern sich an einen Helden, der mit einem Luftschiff über den Nordpol gefahren ist.«
Dreißig Jahre später weiß kein Mensch mehr, daß

Urs Auer auch Roald heißt, nach Roald Amundsen, der 1911 als erster den Südpol auf Schneeschuhen erreicht hat.

Urs ist jünger als Eisinger, jünger auch als Konrad und Erdem. Mit seinem Haarschopf sieht er aus wie ein junger, alter Römer. Er ist Amateurfunker, zu mehr Abenteuertum hat es ihm nicht gereicht. Ganze Nächte verbringt er im Estrich. Der Bruder hat gehört, Urs nenne sich im Funkverkehr Nero, weil man diesen Namen in vielen Sprachen leicht aussprechen könne, leichter jedenfalls als Roald. Eine schwere Jugend und eine Frauengeschichte werden ihm nachgesagt, aber es gibt keine Beweise dafür. Verbürgt ist nur, daß er als Kind Veilchen gegessen hat. Urs lacht dem Bruder, der ihn danach fragt, ins Gesicht: »Sie riechen eben gut, die Veilchen; man konnte sie, in Zucker kandiert, am Kiosk kaufen – aber was geht dich das an?«

Goody sagt, Urs sei musikalisch, Schostakowitsch höre er am liebsten mit ihm zusammen, am liebsten in einer Sommernacht, lieber auf Platten als auf CD.

Es ist ein Ritual vor weit offenen Fenstern.

Um Mitternacht rufen die Nachbarn die Polizei. Zwei Beamte fahren im Überfallwagen vor, Eisinger öffnet ihnen die Tür und bittet sie herein. Der eine zeigt auf den Verstärker, der andere sagt: »Wir haben eine Reklamation erhalten. Stellen Sie

bitte die Musik leiser, sofort; übrigens, was ist das, was Sie da hören?«
»Schostakowitsch, ein Russe«, sagt Eisinger. »Darf ich Sie zu einem Glas Wein einladen, meine Herren?«
»Aha, ein Russe«, sagt der Beamte. »Fred, hast du das gehört? Du bist doch auch Sozialist.«
Sie legen ihre Uniformjacken ab und setzen sich an den Tisch. Nach ein paar Gläsern verstehen sie, daß Urs die Musik ein bißchen lauter hören möchte, nur eine halbe Drehung lauter.
Um drei Uhr morgens verlassen sie Eisingers Wohnung. Urs trägt die Jacke des einen Beamten, der andere setzt sich singend ans Steuer.
Am Morgen grüßen die Nachbarn Eisinger im Treppenhaus oder auf der Straße, als sei nichts gewesen.
»Wir waren vielleicht ein wenig laut gestern«, sagt Eisinger zu ihnen.
»Es geht so«, sagen die Nachbarn. »Ihr Balanceakt auf dem Terrassengeländer hat uns allerdings in Angst und Schrecken versetzt. Na ja, leben und leben lassen« – und sie legen Eisinger die Hand auf die Schulter.

Wenn Goody erzählt, wie der nächtliche Tanz in einem Balanceakt auf dem Balkongeländer endete, fällt ihm gleich auch eine andere Geschichte dazu ein, eine Vorgeschichte, die von der Verwandlung eines kleinen dicken Mädchens namens Roma handelt, das, von den Mitschülern belacht und verspottet, darauf bestand, an einem Schulfest als Schmetterling aufzutreten, und dann, vor den Augen der Zuschauer, die Metamorphose nicht nur vorführte, sondern tanzend am eigenen Leib erlebte.
Eisinger meint das ernst.
Er spricht aus, was ihm einfällt.
Er erfindet Zusammenhänge auch da, wo es keine gibt.
Im Notizbuch des Bruders steht: Goody ermutigt jeden, den eigenen Legenden von der Wirklichkeit zu trauen; aber wer tanzt schon zu Musik von Schostakowitsch!
»Bagatellen«, sagt der Bruder, wenn Erdem ihn fragt, was er aufschreibe.
»Was sind Bagatellen?« fragt Erdem.
»Alles, was Goody einfällt«, sagt der Bruder. »Zu dir zum Beispiel ist ihm eingefallen, daß einer, der die Alpensegler betreue, natürlich auch andere Turmbesucher kennenlerne, ob mit oder ohne Absicht: Turmfalken, Ratten, Fledermäuse, den

Turmwächter, einen Uhrmacher, das Reinigungspersonal, den Sakristan oder Küster, Elektriker, Kinder, betende Frauen und Männer, Bettler, eine Chorleiterin, die sich weigert, auf dem Rücksitz eines Motorrads Platz zu nehmen, Trinker und Kranke, dann aber auch die im Dämmerlicht leuchtende Krone eines Engels, beschädigte Fresken, die Kälte der Steinplatten unter den Füßen, das Schweigen Gottes, den Geruch von Pisse, Kerzenwachs, feuchtem Holz, Blumen, Moder und Staub.«
»So«, sagt Erdem, »das sagt er von mir; Bagatellen, sagt du?«

Sie sitzen an diesem Abend bei Silvan Marbot zusammen. In Marbots Haus ist auch der Bruder geduldet, nicht nur in der Buchhandlung, sondern auch in dem berüchtigten Nebenzimmer, das Silvans Vater, ein Apotheker, als Labor genutzt hatte. Er braute dort einen Hustensirup für eine eingeweihte Kundschaft. Nach seinem Tod erbte Silvan das Haus und machte aus der Apotheke eine Buchhandlung und aus dem Labor einen Lagerraum mit Tischen, Stühlen und einem Bett.
Wie der Vater verbringt hier auch der Sohn, von Optalidon wachgehalten, ganze Nächte lesend unter der tief heruntergezogenen Lampe. Das grüne Licht des Glasschirms fällt durchs Fenster in den Hinterhof, in dem nur noch der oberste

Ast eines seit Jahren sterbenden Kirschbaums blüht.

Tiefgreifende Sanierungen in den Nachbargebäuden haben das Haus in immer bedrohlichere Schieflage gebracht, so daß sich manche Besucher schwankend, als gingen sie auf Schiffsplanken, zwischen den Büchergestellen bewegen. Es sei mit Sicherheit das schiefste Haus am Platz, sagt Silvan – und tatsächlich ist hier nichts im Lot, auch nicht die Bilder, die an der freien Wand über der Kasse hängen. Zur Zeit sind es auf Aluminiumtafeln aufgezogene Fotografien eines Mannes, der in der ganzen Welt herumreist, während die Menschen auf seinen Fotos aussehen, als sei es ihnen nie gelungen, auch nur aus ihrer Straße wegzukommen.

Silvan stellt eine Flasche auf den Tisch.

»Das ist die letzte«, sagt er. »Das nächste Mal bringt ihr den Wein selber mit, verstanden.«

Sie trinken, und in das Schweigen hinein sagt Urs plötzlich zu dem Bruder: »Hör mal, du, gib's doch jetzt einfach zu.«

»Was soll ich zugeben?« fragt der Bruder.

»Nein, nicht so«, sagt Urs, »es ist ganz leicht, du mußt es nur sagen. Du mußt einfach nur sagen: Ja, ich gebe es zu.«

»Das darfst du nicht von ihm verlangen«, sagt Erdem. »Zuerst muß er wissen, was du ihm vorwirfst.«

»Das weiß er schon«, sagt Urs, »er muß es nur noch zugeben.«

Was er meint, hat vielleicht etwas zu tun mit den Gerüchten von Amwegs Beinahe-Unfall.
Der Doktor fährt einen uralten, blau metallisierten Renault, einen Renault 16, um genau zu sein. Auch nachts läßt er den Wagen vor dem Haus stehen. Jeder, der von Mechanik etwas versteht, kann bei diesem Modell die Motorhaube von außen öffnen und den Behälter mit der Bremsflüssigkeit leeren – jeder, hat man dem Bruder gesagt, der einen Unfall provozieren wolle und wisse, daß Hand- und Fußbremsen des Renault 16 nicht voneinander unabhängig seien. Dieser Konstruktionsfehler sei schon bei dem Nachfolgemodell korrigiert worden.
Also: Am Sonntag vor zwei Wochen sind Amweg und Eisinger von Schönberg in die Stadt hinuntergefahren, und noch vor der großen Kurve hat Amweg gemerkt, daß er den Wagen nicht abbremsen konnte. Immerhin ist es ihm gelungen, den Motor in den ersten Gang zurückzuschalten. Er könnte jetzt nach links in den Steilhang hineinfahren, aber damit würde er riskieren, von einem entgegenkommenden Auto gerammt zu werden. Die Talseite, die ebenso steil abfällt, ist bewaldet und verspricht auch keine Rettung. Unten mündet die Nebenstraße von Schönberg in eine Hauptstraße

ein, und von rechts kommen viele Wagen, eine Wagenkolonne ist es, angeführt von einem Überlandbus. Warum der Busfahrer sein Vortrittsrecht nicht durchgesetzt hat, weiß man nicht. Vielleicht hat er Amwegs oder Eisingers Gesicht hinter der Windschutzscheibe gesehen: aufgerissene Augen, einen offenen Mund, und er hat sich einen Schrei dazugedacht und ist mit aller Kraft auf die Bremse getreten. Amweg ist an ihm vorbei zum Parkplatz des Gasthofs ›Am Wilden Bach‹ gefahren, hat den Zündschlüssel gedreht und den Renault ausrollen lassen. Er hat dabei nicht einmal die Stützmauer zur Straße hin gestreift. Nichts ist passiert, ein Loch im Behälter mit der Bremsflüssigkeit hat man auch nicht entdeckt, nur gestaunt hat man, daß auch in den Leitungen nirgends ein Leck zu finden war.

Jemand könnte den Behälter mit Absicht geleert haben, das ist wahr.

Versicherungsnehmer geben dem Vertreter der Schadensabteilung manchmal ganz unglaubliche Berichte zu Protokoll. Er hat eine Sammlung solcher Fälle angelegt, aus der er bei Betriebsausflügen gerne vorliest, Fälle, die auch das Lebengeschäft betreffen können.

Da heißt es dann zum Beispiel: »Ich bog in eine Seitenstraße ein, von der ich hinterher leider feststellen mußte, daß es sie gar nicht gab.«

Oder: »Ich fuhr durch die Bahnhofstraße, als sich

plötzlich ein Fußgänger von der Seite näherte und wortlos unter meinem Wagen verschwand.«

Der Doktor hatte keinen Anlaß, den Vorfall zu melden, weder bei der Polizei noch bei seiner Versicherungsgesellschaft: der Verdacht auf versuchte Tötung wäre nicht zu begründen gewesen.

»Es kommt darauf an, wer etwas von mir wissen will«, sagt der Bruder. »Ich habe nichts zuzugeben, ich schreibe es nur auf, das Eisinger-Dilemma: Schuld und Unschuld, Zurückweisung, Zuflucht, Mangel und Überfluß, fast alles über die Liebe. Was für ein Durcheinander.«

Konrad greift nach der Flasche. Die Amerikanerin legt die Hand auf ihr Glas.
»Sie sollte dir wieder einmal die Haare schneiden«, sagt Silvan zu Goody. »Du weißt, daß ich eine anständige Frisur schätze. So wie du aussiehst, wärst du in der Buchhandlung Baumeler nicht einmal als Kunde willkommen, geschweige denn als Freund.«

5

Auf einem Umweg durch die Allee, im Schatten der Linden und unter den erst spärlich belaubten Platanen, kehrt der Bruder nach Hause zurück. Die Farbe der Stille sei grün, sagt Eisinger, und er sagt auch, auf der ganzen Welt gebe es keine schöneren Bäume als hier, in diesem Land, das fast zweihundert Jahre lang von Kriegen verschont geblieben sei – besonders keine schöneren Kastanienbäume im Frühling, wenn die Kerzen aufgehen und ihre bräunlich verfärbten Blüten auf den Gehweg fallen lassen, so, als sei das Aufblühen und das Verwelken ein- und derselbe Vorgang.
Goody, der Philosoph.

Auf der ganzen Welt, sagt er; aber er kennt die Welt nicht, er ist nie in der Welt gewesen. Auf seinem Urlaubskonto als Museumsaufseher hat sich über die Jahre hinweg ein Feriengutsaben von mehr als vierzehn Monaten angesammelt.
Er lacht in sich hinein, wenn ihn der Bruder darauf anspricht, oder er fängt wieder mit den Büchern an, faselt etwas von einem Gastmahl in Griechenland, von einem Spaziergang nach Syrakus, von einem Tag des Gerichts in Nuoro.
»Ich kann's nicht mehr hören«, sagt der Bruder.
»Mein Leben«, sagt Eisinger, »warum ärgert dich das?«

Seine eigenen Reisen kündigt der Bruder nicht an. Schon die Vorbereitungen trifft er im geheimen. Vom Büro aus verhandelt er mit der Reiseagentur. In der Apotheke verlangt er, den Geschäftsführer zu sprechen, um eine Bestellung aufzugeben: Schlaftabletten, Schmerztabletten, Augentropfen. Alle Einkäufe erledigt er zwischen acht und neun Uhr morgens, und beim Einkaufen trägt er, auch wenn es regnet, eine dunkle Sonnenbrille.

Ganz anders ist es bei der Heimkehr, wenn er, übernächtigt und von einem langen Flug ermüdet, noch mit dem Koffer in der Hand, zu Goody ins Museum eilt, besessen von der Vorstellung, es könnte ihm während seiner Abwesenheit etwas zugestoßen sein.
Natürlich ist ihm nichts zugestoßen, gelassen sitzt er an seinem Tisch und nur, weil er nicht unfreundlich sein will, hört er dem Bericht des Bruders zu.

Vor einem Jahr, als er aus New York zurückkam, fragte Eisinger ihn nicht, wie es gewesen sei, was er erlebt und wie er sich zurechtgefunden habe, nein, er fragte ihn nach McDonald's, weil nämlich McDonald's in der Stadt soeben ein zweites Geschäft eröffnet habe, in der Alten Krone, wo Goethe auf seiner Italienreise abgestiegen sei und vielleicht auch so etwas wie ein Sandwich gegessen

habe, von der Küchenfee mit Liebe zubereitet, und er, der Bruder, sagte, um ihn zu unterbrechen, er glaube, daß eigentlich nur Amerikaner imstande seien, Hamburger richtig zu essen, besonders den Big Mac, und zwar darum, weil Amerikaner schon beim Reden auf den Wörtern herumkauten, als müßten sie sie im Mund zerquetschen – Cääliforniä, sagten sie zum Beispiel, wenn sie Kalifornien meinten.
Roma Saunders lachte, holte Kaugummi aus der Tasche, und dann übten sie zu dritt Wörter mit langem ä: Cäli-Väli-Vän, und die Amerikanerin strahlte ihn an, weil er es besser konnte als Eisinger, der bei Miss Rosenheim nur Englisch gelernt hatte.
»Ich habe bei dir zu Hause angerufen«, sagte sie, »aber irgendwie haben wir uns vermißt.«
»Das ist schon in Ordnung«, sagte der Bruder, »ich bin eben erst angekommen«, und er freute sich darüber, daß sie ›vermißt‹ gesagt hatte anstatt ›verpaßt‹.

Im Juli 98 war er zwei Wochen und einen halben Tag in New York –
Im September 98 war er zehn Tage an der amalfitanischen Küste –
Im Januar 99 war er mit einem Schadeninspektor der Bauherren-Versicherung in Barcelona (geschäftlich) –

und wie das Wetter war, steht in den Notizen: allgemeine Lage schön.

Den ganzen Monat Juni hat der Bruder in Südafrika zugebracht; das läßt sich leichter belegen als erzählen.
Er kann bei seiner Rückkehr melden, daß McDonald's auch Kapstadt erobert hat oder daß er, ohne jemanden nach dem Weg fragen zu müssen, die Huguenot Road in Franschhoek auf Anhieb fand; aber da stand nicht das erwartete Gutsherrenhaus, sondern eine weitläufige Hotelanlage: zwölf weißgestrichene Bungalows und eine hinter Dornbüschen versteckte Holzbaracke, das Vaenhuis, die Garage für Landmaschinen.
Er kann Eisinger mitteilen, daß er seinen Paß hinterlegen mußte und danach mit leutseliger Vorsicht im Club der Odd Fellows aufgenommen wurde.
Im Verlauf des Abends fragte er nach Onkel Ernest, aber niemand wollte je etwas von einem Ernest Eisinger gehört haben. Man sagte dem Bruder, deutschsprachige Siedler hätten sich eher in Port Elizabeth oder Johannesburg niedergelassen, während Franschhoek, wie der Name verrate, der Sitz der Franzosen gewesen sei; deshalb heiße das Hotel bis heute Le Quartier français, obschon hier keiner mehr französisch spreche.
»Sie müssen unsere Welt selbst entdecken«, sagte

der Hotelmanager, »Sie müssen sich die Weingüter ansehen, die Rebberge, die Orangenplantagen, die Eichenwälder, die Golfanlagen. Fahren Sie am frühen Morgen los, und wenn Sie nach siebzehn Uhr zurückkehren und Lust haben, draußen ein wenig spazierenzugehen, empfehle ich Ihnen die linke Straßenseite. Die linke Straßenseite ist einfach hübscher, wissen Sie. Gescheiter wäre es allerdings, wenn Sie nach siebzehn Uhr auf dem Hotelgelände blieben – darf ich Sie vielleicht zu einem Whisky einladen?«

In allem, was ihm gesagt wurde, spürte der Bruder eine unbestimmte Bedrohung, eine verschwiegene Angst vor einer Explosion, der die Schutzmauern und die unter Strom stehenden Gitterzäune nicht standhalten würden.

Und auch von seiner eigenen Angst kann er berichten, davon, wie er auf der Suche nach einer Straußenfarm die Orientierung verloren hatte, am Straßenrand anhielt, aus dem Wagen stieg und die Landkarte auf der Motorhaube ausbreitete. Die mit blauen Plastikfetzen übersäte, baum- und strauchlose Ebene war menschenleer, und doch standen plötzlich, wie aus dem Boden gewachsen, drei Männer vor ihm, zwei Weiße und ein Afrikaner, der eine Lederscheide am Gürtel trug.

Jetzt, dachte der Bruder, jetzt passiert es; mir passiert es.

Noch auf der Rückfahrt zum Flughafen überlegte er sich, wie er Goody diesen Augenblick des Erschreckens, der Panik, der Lähmung beschreiben könnte – und dann das Lachen der beiden Weißen, als ihr Begleiter nicht ein Messer, sondern ein Handy, ein hundsgewöhnliches Handy aus der Scheide zog und es ihm, auf die offene Hand gelegt, wie eine Opfergabe überreichte.

Die Verspätung, mit der sie zu rechnen haben, wird den Reisenden schon vor dem Start angekündigt, und immer wieder, bis zur Landung und darüber hinaus, werden sie von wechselnden, sanften oder barschen Lautsprecherstimmen um Verständnis, um Geduld, um Entschuldigung für Pannen, Zwischenfälle und Versäumnisse gebeten. Im Flughafen warnen sie sie vor Dieben, bei der Gepäckausgabe vor Verwechslungen, und im Bahnhof schließlich befehlen sie ihnen, Fahrplanänderungen zu beachten, von den Geleisen zurückzutreten, die Toilette nicht vor der Abfahrt des Zuges zu benützen und den Fahrschein bereitzuhalten: »Nächster Halt, Speisewagen.«
Der Bruder setzt sich in ein Raucherabteil und schaut hinaus in die vor dem Fenster vorüberziehende Sommerlandschaft, auf bewaldete Hügel, Wiesen, Äcker, Weizen- und Maisfelder.
Er beschließt, sich zu rasieren.
Er bittet die Schaffnerin um die genaue Uhrzeit.

Er trinkt im Bistro-Wagen ein Glas Wein und noch eins, kehrt mit einer liegengebliebenen Zeitung an seinen Platz zurück, spürt mehr als er sieht, wie das Abteil sich allmählich leert, döst vor sich hin, bis ihn der Schlaf überwältigt, und dann, wenn der Zug an der letzten Station, an seiner Endstation, hält, fährt er auf, reißt Koffer und Tasche aus der Gepäckablage, stolpert auf den Bahnsteig hinaus, steigt die Treppe hinunter in die Bahnhofshalle und wirft, um sich zu vergewissern, daß er unwiderruflich zu Hause angelangt ist, einen Blick durch die Glastür des Wartesaals.

Als er ein Kind war, hat Eisinger diesen Saal ›Prinzessinnenzimmer‹ genannt. Er sagte der Mutter, manchmal träume er von den auf die Mauern gemalten Bildern, besonders von dem einen, dem Bildnis mit den blau verschleierten Frauen, die, einander in stummer Trauer zugeneigt, das Gesicht unter Kapuzen verborgen, im Stundenreigen die Nacht darstellen.
Damals roch es hier nach Rauch, jetzt riecht es nur noch nach Schweiß. Auf den Holzbänken unter dem Fresko ›Zeit und Ewigkeit‹ spielen Schüler mit ihrem Gameboy. Ein Mann studiert das Kursbuch, ein anderer sitzt mit gefalteten Händen am Tisch und starrt ins Leere. Der Bruder kennt ihn, aber den Namen hat er vergessen.
Er senkt den Kopf, zieht die Schultern ein, geht,

ohne sich noch einmal umzusehen, durch die Halle zum Vorplatz und steigt in ein Taxi.

»Ich will ja nicht indiskret sein, wenn ich Sie frage, wohin Sie fahren möchten«, sagt der Taxifahrer nach einer Weile. »Es kommt hin und wieder vor, daß ich Gäste habe, die sich bei mir nur ein bißchen ausruhen wollen.«

»Zum Museum für Vorgeschichte«, sagt der Bruder, »das habe ich Ihnen schon beim Einsteigen gesagt.«

»Da habe ich wohl nicht aufgepaßt«, sagt der Fahrer, »zum Museum also – was ist denn da heute los?«

»Fahren Sie«, sagt der Bruder, »nun fahren Sie schon, und lassen Sie mich gleich auf der Brücke aussteigen.«

Er geht an provisorisch errichteten Abschrankungen vorbei, vorbei an einer lärmenden Schulklasse, an Ordnungshütern und an einem als Braunbär verkleideten Eisverkäufer.

Er sieht, daß die Vorderseite des Museums mit Lichterketten geschmückt worden ist. Im Springbrunnen werden Weinflaschen gekühlt. Auf dem Podest vor dem Haupteingang bemalen in eng anliegende Trikots gekleidete Mädchen einander von Kopf bis Fuß mit Goldbronze. Andere liegen im Gras neben dem Einbaum oder tragen Kleider aus einem Lieferwagen ins Haus. Presseleute mit

Mikrophonen drängen sich um die Museumsleiterin. Der Bruder kann nicht hören, was sie sagt, versteht aber doch, daß sie von neuen Erlebniswelten spricht, von zeitgemäßer Animation und Öffnung.

Er begreift, daß sie den Versuch unternommen hat, den Rahmen der Ausstellung zu sprengen – und auf einmal weiß er, daß er zu spät kommt, daß er Eisinger hier nicht mehr finden wird, daß Eisinger mit dieser Anbiederung nichts zu tun haben wollte, daß er weggegangen ist, vermutlich ohne Protest, ohne das Namensschild an der Tür der Aufseherkammer zu entfernen und ohne Abschied.

Ja, und dann haben sich die Bäume bewegt, und der Wind ist gekommen. Eine schüchterne Stimme hat gesagt: »Mami, ist dieser Mann tot geworden?« – und ihm schien, er erkenne sie wieder, die Kinderstimme, als seine eigene Stimme im Heim, in das er vor fünfzig Jahren gebracht worden ist.
Es war Winter, die Frau, die ihn in Empfang nahm, trug schwere Schuhe und wollte auch von den Eltern Tante Luggi genannt werden. Eisinger hatte dem Bruder beim Abschied gesagt: »Dort, im Berner Oberland, gibt es keinen Nebel. Also: Wenn du das Sternbild des Orion anschaust, spürst du, daß ich an dich denke.«
Er hat die Angst wieder erlebt, die Angst von damals, als die Heimleiterin ihn bei einer nächtlichen Kontrolle des Schlafsaals am Verandafenster entdeckte und ihn, ohne ein Wort zu sagen, an der Hand packte und im Kohlenkeller einsperrte.

Er erinnert sich nicht mehr, wie er nach Hause gekommen ist. Sein Gepäck stand im Zimmer. Sein Mantel fehlte.

Vier Tage später spricht der Bruder bei Marbot mit Goodys Freunden darüber. Marbot hat im Hinterzimmer der Buchhandlung Risotto gekocht. Eine Flasche Wein steht auf dem Tisch.

»Also«, sagt der Bruder, »Eisinger ist verschwunden, weggelaufen, abgehauen, wie früher schon, zweimal oder dreimal, das erste Mal mit vier Jahren. Was wißt ihr davon?«

»Was möchtest du denn hören?« sagt Marbot. »Ich habe eben erst erfahren, daß er gesucht wird; aber du willst es schon am Samstag gewußt haben – warum eigentlich?«

Marbot sagt auch, daß er mit der Leiterin des Museums reden und dann vielleicht mit ihr zusammen bei der Polizei eine Vermißtenanzeige aufgeben werde.

»Die Polizei«, sagt Urs, »für die Polizei ist das reine Routine. Sie wird Zeugen befragen, uns, den Bruder, die Amerikanerin, Dr. Amweg. Später wird sie Presse und Fernsehen einschalten, eine Suchmeldung herausgeben und abwarten, was geschieht. Leute, die verschwinden, ohne eine Flucht geplant zu haben, wissen nicht, wohin sie gehen sollen. Manche kehren schon nach ein paar Tagen oder Wochen zurück. Roma Saunders' Bruder glaubt, sie habe Eisinger mitgenommen, auf eine Reise zum Beispiel. Wenn man sie wiederfinden will, muß man nur ihren Spuren folgen. Silvan, dein Risotto schmeckt wunderbar.«

»Das macht das Markbein, das ich mitkoche«, sagt Marbot. »Risotto gelingt nur geduldigen Köchen.«

Sie essen schweigend. Die Gesichter der Männer,

die sich über ihre Teller beugen, sind verschlossen. Der Bruder möchte aufspringen und sie anschreien, um herauszufinden, was sie vor ihm verheimlichen. Aber er bringt keinen Ton heraus.

Er hält das Glas gegen das Licht. Er sieht, daß jetzt auch die obersten Äste des Kirschbaums vor dem Fenster abgestorben sind. Schwarz eingerollte Blätter kleben noch an ihnen und ein vor der Reife vertrocknetes Büschel Kirschen.

Marbot räumt den Tisch ab, Konrad L. schenkt Wein nach, Erdem O. raucht, Urs A. starrt ins Leere.

Wie soll der Bruder sie bitten, mit ihm zu reden?

Soll er sagen: »Es ist nämlich so, ich habe einmal einen Wellensittich besessen«, und sie würden sagen: »Wir kennen die Geschichte. Eisinger hat sie uns erzählt. Wir wissen, daß der Wellensittich sich nicht von dir streicheln lassen wollte, daß du ihn erwürgt, ihn auf dein Kissen gelegt und beim Einschlafen in den Armen gehalten hast – und dann haben deine Eltern beschlossen, dich zur Strafe in ein Kinderheim zu geben, nicht wahr?«

»Die Frau dort hieß Tante Luggi«, würde er sagen müssen, »und das mit dem Orion hat auch nicht funktioniert.«

Vielleicht würde Urs dann den Kopf heben, ihn anschauen und sagen: »Es sieht ganz so aus, als könntest du Hilfe brauchen.«

Eine Woche später betritt ein Mann, der den Bruder zu sprechen wünscht, den Vorraum der Agentur.
»Warum flüstern Sie?« fragt er die Sekretärin, die ihm die Karte des Besuchers überreicht.
»Ich flüstere nicht, ich spreche nur leise«, sagt sie.
»Ich habe versucht, ihn wegzuschicken, ich habe Ihre Termine erwähnt; aber er hat gesagt, er sei nicht eigentlich ein Partner für gegenseitige Geschäfte, er könne warten, Zeit spiele für ihn keine Rolle.«
»Bitten Sie ihn herein«, sagt er. »Detektive darf man nicht warten lassen. Nur Marlowe wartet. Wissen Sie. Marlowe. Bei Chandler.«

Im Notizbuch des Bruders steht: Donnerstag, 8. Juli, Gespräch mit Herrn Felber von der Kriminalpolizei (in Zivil). Überraschende Frage des Kommissars: ob der Befragte an Asthma leide.
Es ist tatsächlich so, daß der Bruder beim Reden keine ganzen Sätze mehr zustande bringt. Zusammenhänge ergeben sich nur noch beim Schreiben. Beim Schreiben spürt er Goodys Nähe. Beim Schreiben steht Goody hinter ihm, schaut ihm über die Schulter und liest mit. Er gibt ihm recht. In allem, was der Bruder vorbringt, gibt Eisinger ihm jetzt recht.
Er zweifelt keinen Augenblick daran, daß es wahr ist, daß sich die Leute über die verspätete Schafs-

kälte beklagen. Wolkenpakete verdüstern die Tage. In den ungemähten Rasenflächen hinter dem Museum sprießen Pilze. Im Keller verrottet das Gärtnerwerkzeug bei siebzehn Grad Celsius und siebenundachtzig Prozent Luftfeuchtigkeit. Die Flüsse führen Hochwasser. Menschen und Tiere, die ertrinken, werden durch die weit geöffneten Schleusen davongetrieben bis ins Meer. Zerstörte Häuser und überschwemmte Landschaften werden den Fernsehzuschauern gezeigt. Den ›Classic Sport Channel‹ und ›Explore Your World‹ hingegen kann der Bruder nur über Satellit empfangen, hier, wo er sich zur Zeit niedergelassen hat und sich immer noch wie ein Eindringling vorkommt: in Goodys Wohnung. Er hat ein Abkommen mit dem Hausbesitzer geschlossen. Er bezahlt die Miete, vorläufig, bis auf weiteres. Er leert den Briefkasten. Er trägt Zeitungen und Prospekte gebündelt in den Hausflur hinunter. Abends steht er am Balkongeländer, läßt die Holzkugel, die er im Büchergestell gefunden hat, von einer Hand in die andere rollen und schaut hinaus in das fade Licht, das sich in der Ferne über dem See in leuchtendes Blau verwandelt. Er hört Musik, dreht den Lautsprecher auf, setzt sich in Bewegung, rudert mit den Armen, schwankt und stampft durchs Zimmer.

»Einfach anfangen«, sagt Eisinger. »Endlich einmal anfangen. So einfach ist das.«

suhrkamp taschenbücher
Eine Auswahl

Isabel Allende
- Fortunas Tochter. Roman. Übersetzt von Lieselotte Kolanoske. st 3236. 483 Seiten- Das Geisterhaus. Übersetzt von Anneliese Botond. st 1676. 500 Seiten
- Paula. Übersetzt von Lieselotte Kolanoske. st 2840. 496 Seiten.
- Porträt in Sepia. Übersetzt von Lieselotte Kolanoske. st 3487. 512 Seiten
- Zorro. Roman. Übersetzt von Svenja Becker. st 3861. 443 Seiten

Ingeborg Bachmann. Malina. Roman. st 641. 368 Seiten

Jurek Becker
- Amanda herzlos. Roman. st 2295. 384 Seiten
- Jakob der Lügner. Roman. st 774. 283 Seiten

Louis Begley
- Lügen in Zeiten des Krieges. Roman. Übersetzt von Christa Krüger. st 2546. 223 Seiten
- Schmidt. Roman. Übersetzt von Christa Krüger. st 3000. 320 Seiten
- Schmidts Bewährung. Roman. Übersetzt von Christa Krüger. st 3436. 314 Seiten

Thomas Bernhard
- Alte Meister. Komödie. st 1553. 311 Seiten
- Holzfällen. st 3188. 336 Seiten
- Ein Lesebuch. Herausgegeben von Raimund Fellinger. st 3165. 112 Seiten
- Wittgensteins Neffe. st 1465. 164 Seiten

NF 266b/1/2.08

Peter Bichsel
- Cherubin Hammer und Cherubin Hammer. st 3165. 112 Seiten
- Kindergeschichten. st 2642. 84 Seiten

Ketil Bjørnstad
- Villa Europa. Roman. Übersetzt von Ina Kronenberger. st 3730. 535 Seiten
- Vindings Spiel. Roman. Übersetzt von Lothar Schneider. st 3891. 347 Seiten

Lily Brett
- Einfach so. Roman. Übersetzt von Anne Lösch. st 3033. 446 Seiten.
- Chuzpe. Übersetzt von Melanie Walz. st 3922. 334 Seiten

Truman Capote. Die Grasharfe. Roman. Übersetzt von Annemarie Seidel und Friedrich Podszus. st 1796. 208 Seiten.

Paul Celan
- Die Gedichte. Kommentierte Gesamtausgabe in einem Band. Herausgegeben und kommentiert von Barbara Wiedemann. st 3665. 1000 Seiten
- Gesammelte Werke in sieben Bänden. st 3202-3208. 3380 Seiten

Lizzie Doron. Warum bist du nicht vor dem Krieg gekommen? Übersetzt von Mirjam Pressler. st 3769. 130 Seiten

Marguerite Duras. Der Liebhaber. Übersetzt von Ilma Rakusa. st 1629. 194 Seiten

Hans Magnus Enzensberger
- Der Fliegende Robert. Gedichte, Szenen, Essays. st 1962. 350 Seiten
- Gedichte 1950 – 2005. st 3823. 253 Seiten
- Josefine und ich. Eine Erzählung. st 3924. 147 Seiten

Louise Erdrich
- Der Club der singenden Metzger. Roman. Übersetzt von Renate Orth-Guttmann. st 3750. 503 Seiten
- Die Rübenkönigin. Roman. Übersetzt von Helga Pfetsch. st 3937. 440 Seiten

Laura Esquivel. Bittersüße Schokolade. Roman. Übersetzt von Petra Strien. st 2391. 278 Seiten

Max Frisch
- Homo faber. Ein Bericht. st 354. 203 Seiten
- Mein Name sei Gantenbein. Roman. st 286. 304 Seiten
- Stiller. Roman. st 105. 438 Seiten

Carole L. Glickfeld. Herzweh. Roman. Übersetzt von Charlotte Breuer. st 3541. 448 Seiten

Philippe Grimbert. Ein Geheimnis. Roman. Übersetzt von Holger Fock und Sabine Müller. st 3920. 154 Seiten

Katharina Hacker
- Der Bademeister. Roman. st 3905. 207 Seiten
- Die Habenichtse. Roman. st 3910. 308 Seiten

Peter Handke
- Kali. Eine Vorwintergeschichte. st 3980. 160 Seiten
- Mein Jahr in der Niemandsbucht. st 3084. 632 Seiten

Marie Hermanson
- Der Mann unter der Treppe. Übersetzt von Regine Elsässer. st 3875. 250 Seiten.
- Muschelstrand. Roman. Übersetzt von Regine Elsässer. st 3390. 304 Seiten.
- Das unbeschriebene Blatt. Roman. Übersetzt von Regine Elsässer. st 3626. 236 Seiten

Hermann Hesse
- Das Glasperlenspiel. Versuch einer Lebensbeschreibung des Magister Ludi Josef Knecht samt Knechts hinterlassenen Schriften. st 2572. 616 Seiten
- Der Steppenwolf. Roman. st 175. 288 Seiten
- Siddhartha. Eine indische Dichtung. st 182. 136 Seiten
- Unterm Rad. Materialienband. st 3883. 315 Seiten

Yasushi Inoue. Das Jagdgewehr. Übersetzt von Oskar Benl. st 2909. 98 Seiten

Uwe Johnson
- Mutmassungen über Jakob. Roman. st 3128. 298 Seiten
- Eine Reise nach Klagenfurt. st 235. 109 Seiten

James Joyce. Ulysses. Roman. Übersetzt von Hans Wollschläger. st 2551. 988 Seiten

Franz Kafka
- Amerika. Roman. Mit einem Anhang (Fragmente und Nachworte des Herausgebers Max Brod). st 3893. 310 Seiten
- Das Schloß. Roman. st 3825. 423 Seiten. st 2565. 432 Seiten
- Der Prozeß. Roman. st 2837. 282 Seiten

Daniel Kehlmann. Ich und Kaminski. Roman. st 3653. 174 Seiten.

Andreas Maier. Wäldchestag. Roman. st 3381. 315 Seiten

Magnus Mills
- Die Herren der Zäune. Roman. Übersetzt von Katharina Böhmer. st 3383. 216 Seiten
- Indien kann warten. Roman. Übersetzt von Katharina Böhmer. st 3565. 229 Seiten
- Zum König! Roman. Übersetzt von Katharina Böhmer. st 3865. 187 Seiten

Cees Nooteboom
- Allerseelen. Roman. Übersetzt von Helga van Beuningen. st 3163. 440 Seiten
- Rituale. Roman. Übersetzt von Hans Herrfurth. st 2446. 231 Seiten.

Elsa Osorio. Mein Name ist Luz. Roman. Übersetzt von Christiane Barckhausen-Canale. st 3918. 434 Seiten

Amos Oz. Eine Geschichte von Liebe und Finsternis. Roman Übersetzt von Ruth Achlama. st 3788 und st 3968. 829 Seiten

Marcel Proust. In Swanns Welt. Auf der Suche nach der verlorenen Zeit. Übersetzt von Eva Rechel-Mertens. st 2671. 564 Seiten

Ralf Rothmann
- Junges Licht. Roman. st 3754. 236 Seiten
- Stier. Roman. st 2255. 384 Seiten

Hans-Ulrich Treichel
- Menschenflug. Roman. st 3837. 234 Seiten
- Der Verlorene. Erzählung. st 3061. 175 Seiten

Mario Vargas Llosa
- Das böse Mädchen. Roman. Übersetzt von Elke Wehr. st 3932. 395 Seiten
- Tante Julia und der Kunstschreiber. Roman. Übersetzt von Heidrun Adler. st 1520. 392 Seiten

Martin Walser. Ein fliehendes Pferd. Novelle. st 600. 151 Seiten

Carlos Ruiz Zafón. Der Schatten des Windes. Übersetzt von Peter Schwaar. st 3800. 565 Seiten